딸을 위한
데일 카네기 인간관계론

딸을 위한 데일 카네기 인간관계론

도나 데일 카네기 지음 | 김지윤 옮김

다산북스

미래를 멋지게 그려나갈
다음 세대 여성들을 위해

친구를 사귀고 리더가 되는 법

십 대 여학생만을 위한 『데일 카네기 인간관계론』을 써보자는 얘기가 오가기 시작했을 때, 저는 이렇게 말했어요. "좋아요! 저도 십 대 때 그런 책이 있었다면 얼마나 좋았을까요?" 예전에도 물론 십 대 여학생을 위한 책이 있었지만 제가 본 책들은 별 도움이 되지 않았어요. 나쁜 행동들에 대한 경고나 저로서는 받아들일 수 없는 규칙, 그리고 저는 인기 많고 자신감으로 충만한 소녀이고 싶었어요. 남자애들이 멋있게 봐주고, 여자애들이 친해지고 싶어 하는, 무리에서 돋보이는 리더가 되고 싶었어요. 남 뒤를 따라다니는 애나 외톨이가 아니라요. 그런데 어떻게 해야 할지 잘 몰랐죠.

여러분도 한 번쯤은 저와 같은 생각을 해봤을 거예요. 그렇다면 좋은 소식을 전하게 됐군요! 이 책은 여러분이 '닮고 싶은 사람'이 될 수 있는 방법을 배우도록 도와줄 거예요. 제가 '배운다'라고 표현한 걸 눈치챘나요? 더할 나위 없이 좋은 소식이지요. 호감을 얻는 데는 운이나 재능, 돈, 미모 따위가 없어도 된다는 뜻이거든요. 제대로 성공한 사람들은 저런 걸 타고나지 않았어요. 자신의 바람을 알고 이루겠다는 생각과 의지 덕분에 성공했죠. 여러분도 할 수 있어요.

얼른 시작할수록(이를테면 오늘 당장!) 다른 사람보다 더 앞설 수 있어요. 이 책을 통해 배우게 될 원칙들이 딱히 대단한 비법은 아니에요. 그럼에도 그 효과를 생각하면, 실천하는 사람이 너무 적다는 사실이 아쉬울 뿐이에요.

십 대 여성으로 살아가기가 만만치만은 않죠. 어린아이도 아니고 어른도 아니라서 견뎌야 하는 독특한 어려움이 있어요. 불공평해 보이고 짜증이 나면서 헷갈리기도 하고요. 그런데 이 시기는 어른으로서 책임을 지기 전 인생에서 가장 근사하게 보내는 한때가 될 수도 있어요. 그러니 뜻깊게 만들어 봅시다!

데일카네기협회 이사장
도나 데일 카네기

차례

How to Win Friends and Influence People for Teen Girls

1장

비판, 비난, 불평하지 마세요

꿀을 얻으려면 벌통을 걷어차지 말라.

· 데일 카네기 ·

상처 주지 않고 말하는 법

✦

"이 책은 행동하기 위한 책이다."

인간관계와 자기관리 기술을 가르치는 강사이자 작가로 유명한 데일 카네기는 첫 책인 『데일 카네기 인간관계론』에서 위와 같이 말했습니다. 그 안에 담긴 정보와 조언을 독자들이 일상에서 실천하기를 바랐죠. '실천'은 여러분이 읽는 이 책의 목표기도 해요.

책 제목만 보고 인간관계에 얼마나 효과가 있을까 의심쩍어할지도 모릅니다. 하지만 책의 마지막 페이지를 넘길 때쯤엔 카네기의 조언이 결국은 '좋은 사람이자 존경받는 리더가 되는 방법'임을 알게 될 거예요. 자, 그렇다면 친구를 잘 사귀고 사람들 사이에서 영향력 있는 사람이 될 수 있는 가장 좋은 방법은 무엇일까요?

진심 어린 친절입니다.

친절은 공감에서 시작하고요.

이 책을 읽는 동안 '공감'이라는 단어를 자주 만나게 될 거예요. 사람 마음을 움직이기 위한 가장 기본적인 요소거든요. 다른 사람의 기분을 알고 처지를 바꿔 생각해 보면 굉장히 도움 될 때가 있어요. 친구와 더 돈독해지거나 리더가 되거나 앞으로 만나게 될 사람들과 좋은 인간관계를 맺기에 좋죠. 먼저, 여러분의 시선으로 다음과 같은 상황을 그려봅시다.

어느 날 아침 눈을 떠보니 암울한 미래를 배경으로 하는 SF 소설 세상 속에 있어요. 이곳에서는 여러분이 뭔가를 할 때마다 점수가 매겨지고, 그 점수는 모두가 볼 수 있는 커다란 득점판에 기록됩니다. 이를테면 고르는 옷이며 SNS 활동이며 수업 중 선생님의 질문에 답한 내용 등이 다 점수로 적혀요. 가만 보니 점수는 남들이 여러분을 보고 대하는 태도에 따라 달라지네요. 다른 사람들의 점수도 여러분이 보는 눈에 따라 똑같이 달라지고요. 그런데 어떻게 해야 점수가 오르고 깎이는지는 도무지 알 수 없어요. 인생에서 각자의 자리가 무작위로 정해지는 듯한 느낌이 드는군요. 하나부터 열까지 신경을 곤두세우다 보니 머릿속이 터질 듯해요. 뭘 잘못하고 있죠?

자, 이 소설의 제목은 '고등학교'랍니다. 눈치챈 분도 있겠죠? 학교생활도 잘해야 하고, 졸업 후 평생 어떻게 살지를 정해야 하는 스트레스도 있어요. 이런 상황이라면 유튜브와 넷플릭스라는 블랙홀에 영영 빠지고 싶을 만도 하죠.

하지만 여러분은 생각보다 잘 헤쳐나갈 수 있어요. 어떤 일이든 다른 사람을 어떻게 대하느냐가 시작이죠. 괴롭힘의 문제를 훨씬 넘어서는 이야기지만 이 문제부터 살펴봐도 좋겠군요.

최근 조사 결과를 보면 12~18세 청소년의 20퍼센트가 또래에게 괴롭힘당한 적이 있다고 해요. 그중 15퍼센트는 온라인이나 문자메시지로 괴롭힘을 당했다고 하죠. 또 다른 조사에서는 전체 청소년의 30퍼센트가 다른 학생을 괴롭힌 적이 있다고 인정했고, 70퍼센트는 학교에서 괴롭힘을 목격했다고 밝혔어요. 그리 놀랄 일도 아니라고 생각할지 모르겠네요. 이 책에서 인터뷰한 친구들도 놀라지 않았어요. 오히려 그 수치가 더 높을 줄 알았다고 하더군요. 많은 친구가 들려준 경험담 가운데 열네 살 줄리의 이야기를 들어봅시다.

같은 반에 마리라는 여자애가 있어요. 반 친구가 모두 놀려대는 애죠. 마리는 얼마나 완벽주의자인지, 딴 애들이 10분이면 답을 써내는 시험도 시간을 꽉꽉 채워 썼어요. 발레에 미쳐서 무용 수업 얘기만 늘어놓았고요. 솔직히 겉모습도 좀 별로였어요. 저는 잘해주려고도 해봤지만, 마리를 못살게 구는 친구들과 더 가깝게 어울렸어요. 마리는 학교에선 웃어넘기는 듯했지만 집으로 돌아가서는 매일같이 운 모양이에요. 이 사실을 그애 엄마가 우리 엄마한테 전한 거예요. 엄마가 그에 대해 물었을 때 기분이 좋지 않았어요. 마리 편을 들려고 했지만 어려웠다고 엄마한테 말했죠. 누구나 남들과 사이좋게 지내길 원하잖아요. 그 애 편을 들어서 저까지 놀림감이 되기는 싫었어요. 그게 얼마나 끔찍한지 저도 알아요. 예전에 당해봤거든요.

줄리의 잘잘못을 따지자는 것은 아니에요. 우리도 다른 사람을 편들어 주다가 곤란했던 적이 한 번쯤은 있잖아요. 쉬운 일이 아니죠. 다만 줄리는 본인 또한 겪어봤다면서도 진심으로 마리의 처지를 생각해 보지는 않았던 것 같아요. 그러면서도 엄마의 비판에는 예민하게 반응했어요. 아마도 괴로운 마음에 방어해야겠다고 생각했겠죠.

데일 카네기는 이렇게 말했어요. "비판은 쓸데없다. 사람은 비판받으면 방어하게 되고, 대부분 자신이 옳다고 증명하려 한다." 카네기는 상대를 향한 평가를 무척이나 민감하게 여기며 '비판, 비난, 불평하지 말라'는 원칙을 늘 첫 번째로 가르쳤어요.

비판하거나 비난하고 불평하는 행동을 맞닥뜨리면 어떻게 반응하게 되나요? 비판을 바로 귀담아듣고 "응, 맞아. 말해줘서 고마워"라고 답하나요? 아니면 궁지에 몰린 기분에 상처받고 화가 나나요? 비판, 비난, 불평은 여러분과 상대방 사이에 높은 벽을 쌓는 일이나 다름없어요. 일단 벽이 쌓이면 그 무엇도 통하기가 어렵죠. 더는 상처받지 않도록 자신을 보호해야 할 것처럼 느끼거든요.

줄리의 경험이 바로 그 예입니다. 하지 말라는 세 가지 행동이 모두 그 안에 들었어요. 마리를 비판하고 그 친구의 겉모습과 성격을 비난하면서, 본인이 도울 일은 아무것도 없었다고 불평하거든요. '나는 그렇게 행동하지 말아야지'라고 생각하며 줄리의 도덕성을 문제 삼고 싶어질 거예요. 하지만 솔직해져 보자고요. 우리도 결국 줄리처럼 생각하고 행동하기가 쉽습니다. 그리고 이 상황에서 줄리의 잘못을 따지는 것이야말로 비판과 비난의 형태이기도 하죠.

데일 카네기는 "어떤 바보든 비판하고 비난하고 불평할 줄 안다. 이해와 용서에는 인성과 자제심이 필요한 법이다"라고 믿었어요. 남을 악의적으로 괴롭히는 다수에 맞서지 못하는 소심한 사람이나 남을 직접 괴롭히는 사람으로 보이고 싶은 사람은 아무도 없어요. 여러분은 그러한 실수를 저지르지 않아도 됩니다. 남을 노골적으로 비판하지 않는 법을 알면 상대를 짓밟는 대신 오히려 기를 살려주면서 힘든 상황을 어떻게 잘 헤쳐나갈지 배울 수 있어요.

평가하는 버릇을 버리세요

학교에서는 누군가를 놀리거나 험담하는 일이 매일 벌어져요.
죄책감을 느끼지 않는 사람은 아마 아무도 없을걸요.

— 로드아일랜드에서, 릴리

　공감의 필요성을 아는 것도 중요하지만 실제로 공감하는 것은
또 다릅니다. 솔직히 눈이 번쩍 뜨일 만큼 새로운 내용은 아니죠.
지금껏 사는 내내 '자신을 대하듯 남을 대하라'라고 귀가 따갑도
록 들어왔잖아요? 그런데도 옳다고 믿는 대로 행동하는 게 왜 이렇
게 힘들까요? 우리 모두가 상대방의 시선으로 주변을 살피고자 노
력한다면 학교나 일터 등에서의 따돌림은 내일이라도 당장 사라질
거예요.

　그렇다고 각자만의 의견이나 생각, 관점을 모두 포기하라는 말
이 아니에요. 차별을 계속하는 사람 또는 사회 시스템을 절대 비판
하지 말라는 뜻도 아니고요. 건설적인 비판은 평가나 선입견과 큰
차이가 있어요. 다른 사람을 생각하는 진심에서 우러나오죠. 예를
들어 누가 봐도 명백하게 불편함을 유발하는 사람 때문에 몹시도
괴로운 상황을 생각해 봅시다. 그렇다 해도 잘못을 다그치거나 못
되게 굴어 상대의 자존심을 깎아내린다면 긍정적인 변화와 개선을

불러일으키기란 더 어려워질 거예요. 데일 카네기는 쥐를 이용한 학습 실험으로 유명한 미국의 행동주의 심리학자 스키너의 연구를 예로 들면서 이렇게 말했습니다.

"박사는 옳은 행동으로 상을 받은 동물이 그릇된 행동으로 벌을 받은 동물보다 빨리 배우고 성과도 좋다는 사실을 실험으로 증명했다. (…) 뒤따른 연구는 이 공식이 인간에게도 마찬가지임을 밝혔다. 비판으로는 변화가 오래가지 못하고 억울함이 자꾸 고개를 쳐든다."

어때요, 맞는 말인가요? 질문에 답하기 전 아래의 퀴즈를 통해 이로운 평가와 해로운 평가의 차이를 살펴봅시다.

quiz

절친한 친구가 시험을 망쳤고, 그 친구가 전혀 공부하지 않았다는 걸 알게 됐어요. 여러분은 다음과 같이 행동합니다.

Ⓐ 다음에는 잘할 거라고 위로하며 같이 공부하자고 합니다.

Ⓑ 공부하지 않은 사실을 짚어주며 적어도 최선을 다한 결과는 아니라고 알려줍니다.

Ⓒ 새벽 3시까지 잠을 안 자고 스마트폰으로 유튜브를 봐도 수학을 깨치는 마법은 일어나지 않아서 충격받았다고 말해줍니다.

친구가 자신의 미술작품을 SNS에 게시하기로 마음먹었으나 작품이

어설프네요. 여러분은 다음과 같이 행동합니다.

Ⓐ 게시물에 '좋아요'를 누르고 새로운 취미를 격려합니다.

Ⓑ 실력 향상을 바란다고 말해줍니다.

Ⓒ 친구가 그린 그림이 꼭 크레용으로 가족을 그린 유치원생 그림 처럼 보인다고 말해줍니다.

음치인 언니가 고등학교 학예회 뮤지컬에 오디션을 보겠다고 해요. 여러분은 다음과 같이 행동합니다.

Ⓐ 음악적 재능이 있는 친구를 초대해 노래를 좀 가르쳐달라고 부 탁합니다.

Ⓑ 이번 뮤지컬 오디션 대신 다음 학기 (뮤지컬이 아닌) 연극 오디 션을 보면 어떻겠냐고 말합니다.

Ⓒ 뮤지컬 〈레 미제라블〉이 언제 코미디가 됐냐고 묻습니다.

여러분이 끔찍이도 형편없다고 생각하는 텔레비전 프로그램을 부모 님이 연달아 시청하네요. 여러분은 다음과 같이 행동합니다.

Ⓐ 부모님이 즐기도록 놔두고 다른 할 일을 찾습니다.

Ⓑ 그보다 훨씬 낫다고 생각되는 프로그램을 추천합니다.

Ⓒ 형편없는 연기와 질 낮은 특수효과를 일일이 지적하며 텔레비 전을 독차지해 놓고 쓰레기 같은 프로그램이나 보고 있다고 말 합니다.

평가에는 두 가지 진실이 있습니다. 누구나 (아주 가끔이라도) 평론가가 되고는 한다는 사실과 아무도 (심지어 가끔이라도) 평론가를 좋아하지 않는다는 사실이죠. 때로는 도움을 주고자 한 말이 평가로 받아들여지기도 해요. 이로운 평가도 단어를 조심해서 고르지 않으면 우정을 박살 내는 대포알이 될 수 있어요.

만약 여러분이 말문을 열 때마다 주위 사람들이 움찔한다면, 그리고 앞선 퀴즈에서 B나 C를 답으로 골랐다면, 자기 점검이 필요한 때일지도 몰라요. 사실 B 답안 몇 개는 썩 나빠 보이지 않지만, 살짝 베인 상처도 다 상처라서 결국은 사람과의 사이를 곪게 만들어 버린답니다.

심한 말을 꺼내기 전에 생활의 지혜를 하나 따라 해봅시다. 누군가 여러분과 똑같이 말하면 여러분의 기분이 어떨지 생각해 보는 거예요.

아무리 기분 나쁜 의견이라도 고마워하겠다고 거짓말하지 말고, 정말로 그때 그 사람의 입장이 되어보세요. 어떻게 하면 더 잘할 수 있을지를 말해주면 절대로 안 된다는 뜻이 아닙니다. 다만 말할 때 상대를 위하는 마음이 올바르게 잘 가닿도록 말해야 합니다.

입을 떼기 전에 여러분의 의도가 정말 올바른지 확인해야 해요. 스스로에게 다음과 같이 물어보세요.

1. 내가 지금 평가하려는 것을 상대가 바꿀 수 있거나 바꾸고 싶어 할까?

   힌트: 이 질문은 겉모습이나 말투, 걸음걸이, 웃음소리, 옷차림 등 개인의 기본 정체성과 관련한 지적을 걸러낼 수 있습니다. 그쪽을 건드리기 전에 동기부터 살펴봅시다. 왜 그렇게 말하려고 하나요? 그렇게 말해봐야 여러분이나 상대에게 아무런 이득이 없을 가능성이 커요. 불필요한 상처를 줄뿐더러 친구가 떠나거나 영영 적이 될지도 모릅니다.

2. 상대가 세상을 바라보는 눈(인종이나 성별, 사회 경제적 지위 등에서 영향받은 관점)으로 문제를 바라보고 내가 특별한 위치에 있지는 않은지 확인했을까?

3. 상대가 위험하거나 부정적인 행동에서 벗어나도록 해줄 말일까?

4. 상대를 최우선으로 생각했을까?

아니라는 답이 한 번이라도 나왔다면 하려던 그 말은 마음속에 담아두는 것이 더 좋은 선택일 것입니다. 적어도 좀 더 나은 방식으로 전할 수 있을 때까지는요.

명심합시다. 이 원칙은 SNS나 문자메시지에도 다 적용됩니다.

이런 글은 영원히 그 자리에 그대로 남기 때문에 화면을 열 때마다 기분이 더 나쁠 수도 있어요. SNS는 훨씬 심각하죠. 여러 사람이 보기 때문에 처음에 받았던 상처 위로 끔찍한 기분이 한 꺼풀 덧씌워집니다. SNS나 메시지로 소통할 때는 더욱 신경 씁시다. 말투나 의도를 알기 어렵고 그 뜻을 이해하느라 우리 두뇌가 과열되는 공간이거든요. 최대한 확실히 정리해서 의심을 살 여지를 줄입시다.

그런데 비판이나 비난, 불평이 가리키는 사람이 바로 여러분이라면요?

부정적인 기운으로부터
힘을 얻어요

부정적인 태도를 보이는 사람들 앞에서 비판이나 비난, 불평을 참기는 무척 힘들어요. 여러분도 물론 잘 알고 있겠죠. 살면서 자주 겪는 일이니까요. 사람들은 쉽게 비평합니다. 여러분이 생각이나 행동, 말로 미처 전하지 않았을 부분들까지 한쪽으로 치우쳐 비난하죠. 살다 보면 여러분을 끌어내리는 데 혈안이 된 듯한 사람과 한 번쯤은 마주치기 마련입니다.

상대방의 말과 행동을 조절할 수는 없지만 여러분이 어떻게 반응할지는 마음먹기 나름이에요. 물론 화가 나죠. 사람들이 얼마나 시도 때도 없이 함부로 말하고 행동하는데요. 그런데 당하는 사람만 부정적인 기운에 상처 입는 것이 아닙니다.

같은 고등학교에 다니는 여자애가 제 옷차림을 평가했어요. 제 모습이 추해 보인다고 하더라고요. 그 애에게 닥치고 꺼지라며 되받아쳤죠. 형편없고 못나고 마음 아프고 화난 기분이 한꺼번에 밀려왔어요. 감정을 억누르려고 해봤지만 상처가 다 미움으로 변하더라고요. 그 애가 미웠어요.

— 펜실베이니아에서, 17세 베스

끔찍하죠? 베스의 옷차림을 비난한 학생은 정말 잔인했어요. 그런데 상대에게 되받아친 바람에 베스의 기분이 곱절로 나빠졌네요. 당한 사람 탓이니 뭐니 따지려는 게 아니에요. 상대 잘못이 100퍼센트 맞아요. 단, 어떤 행동으로 맞설지는 여러분이 고를 수 있답니다. 상대의 가시 돋친 말에 상처받고 속으로 끙끙 앓다가 결국 주위 사람에게 하소연하고 신경질을 부릴 수 있어요. 아니면 마음에서 과감히 털어내고 앞을 보고 나아가면서 상대의 잘못임을 밝힐 수도 있죠.

어투사 루벤스타인은 미국 청소년 잡지 《세븐틴》의 편집장으로 일했던 사람이에요. 유명 패션 잡지 《코스모걸》에서 처음으로 편집장을 맡았을 때 나이가 겨우 스물여섯 살이었죠. 이른 성공에 나이 많은 직원들을 비롯해 여기저기서 질투가 심했어요. 루벤스타인 편집장은 그때 일을 이렇게 말합니다.

두 사람 앞으로 이메일을 한 통 보냈어요. 그중 한 사람은 지금 다른 잡지사의 편집장이지요. 메일에는 '이력이 워낙 대단하셔서 아주 존경하고 있습니다. 저희 팀에서 함께 일하면 좋을 사람을 추천해 주시면 큰 도움이 되겠습니다'라고 썼지요. 그런데 둘 중 한 사람이 다른 한 사람과 서로 주고받으려던 메일을 실수로 저에게 보냈더군요. '어머나, 메일 봤어요? 패션 좀 아는 아가씨한테 선생이 필요하다네요'라고 썼던 것 같아요.
실은 제가 사람들을 정말로 좋게만 본단 말이에요. 그래서 이메일을 읽고도 무슨 말인지 깨닫는 데 시간이 좀 걸렸어요. 말뜻을 이해하자마자 상처받았죠. 이메일을 보낸 사람은 곧장 내 자리로 잽싸게 달려와 이렇게 말했어요. '메일을 잘못 보냈어요. 읽지 않아도 돼요. 그냥 지워요'라고요. 때는 당연히 너무 늦었지만 아무 말도 안 했어요.
그 일은 쭉 입 밖에 꺼내지 않았죠. 겁이 나서가 아니라 늘 좋은 기운을 품어야 한다고 진심으로 믿으니까요. 저한테 부정적으로 쏠린 기운을 받아 목표를 향해 나아가는 연료로 썼어요.

루벤스타인 편집장은 그 연료 덕분에 《코스모걸》을 청소년에게 가장 인기 있는 잡지로 시장에 우뚝 세웠다고 해요. 사람들이 비판하고 의심할수록 그 생각이 틀린 것을 알리려면 잡지를 훨씬 잘 만들어야겠다고 마음을 다잡았다고 하죠.

여러분도 옳고 그름을 떠나서 비판이나 비난, 불평을 마주하면 루벤스타인 편집장처럼 여러 갈래의 길을 놓고 고를 수 있어요. 상대보다 더 부정적으로 되받아쳐서 상황이나 관계가 더 나빠지는 길이 있습니다. 그게 아니라 행동하기 전에 잠시 멈추고, 하려는 일을 망치지 않으면서 상대가 잘못했다고 어떻게 알려줄지 생각하는 길도 있죠.

독이 되는 사람과 관계를 끊어야 건강에 좋을 때도 있습니다. 부정적인 말로 여러분을 늘 깎아내리려 하는 사람이 있나요? 어쩌면 사사건건 트집 잡는 사이가 되어버린 친구가 있을지도 몰라요. 늘 자신이 대단해 보이도록 여러분을 얕잡아야 속이 시원한 상대와 사귀고 있을지도 모르죠. 그런 사람은 참아주지 않아도 됩니다. 딴지를 걸어도 괜찮아요.

마음에 상처가 되는 부분을 명확하게 짚어 말하는 것은 비판이 아니에요. 그렇게 해서 안전한 느낌이 든다면, 그리고 정확히 상대의 어떤 행동에 상처 입는지 솔직한 대화를 나누고 그만 멈춰달라고 한다면 말입니다.

청소년은 세 명에 한 명꼴로 괴롭힘당하거나 잘못된 관계에 놓이게 됩니다. 앞서 말한 행동도 그런 관계에 포함되고요. 특히 다음과 같은 상황에서 조심하세요. 사귀는 사람이 여러분의 친구들을 늘 비판하며 여러분과 떼어놓으려 한다거나, 가시 돋친 말로 자존심을 꺾는다거나, 다른 사람들 앞이나 온라인에서 창피를 준다거나, 여러분을 마음대로 휘두르려고 한다면 말이에요. 이런 행동은 친한 친구 사이에도 나타납니다.

절대로 참을 필요가 없고 여러분 잘못도 아니며 도움을 주려는 사람들이 있다는 사실을 꼭 기억하세요. 친구나 믿을 만한 어른에게 손을 내미세요. 상담 전화도 좋습니다. **사랑이 담긴 대우를 받으세요. 그래야 마땅합니다. 건강한 관계에서는 서로 응원하며 존중받는다는 느낌이 들어야 해요. 거침없이 솔직하고 당당하게 말할 수 있어야 하죠.** 그렇다고 세상이 늘 완벽하고 밝다는 말이 아니에요. 여러분이 여러분다울 수 있고, 있는 그대로 사랑받을 수 있다는 뜻이랍니다.

만약 위의 질문에 하나라도 '그렇다'고 답했다면 여러분도 비판이나 비난, 불평하는 행동으로 사람들을 주위에서 밀어내고 있는지 모릅니다. 요즘 누군가를 따돌리거나 화나게 만들거나 기분 나쁘게 한 적이 있다면 그 말을 종이에 자세히 적어보세요. 왜 그런 말이 나왔을까요? 그 상황에서 어떤 기분이 들었길래요? 상대방을 먼저 생각했다면 상황이 어떤 식으로 달라졌을까요?

다음으로, 지난 반년 사이에 누군가 여러분을 그릇된 이유로 비판하거나 비난하거나 여러분에게 불평한 일이 있었다면 한번 생각해 봅시다. 여러분은 어떻게 반응했죠? 되받아치고 상대를 도로 상처 입혔나요? 아니면 그 부정적인 기운을 로켓 연료처럼 썼나요? 질문에 대한 답과 함께 다른 해결 방법도 적어봅시다. 여러분에게 해를 입히는 독과 같은 존재여서 오히려 만나지 않는 편이 좋을 사람이 있나요? 잘 생각해 보세요. 여러분에게는 다른 길도 있답니다.

♥ 지난 반년 사이에 여러분의 말을 듣고 여러분에게 더 이상 말을 하지 않은 사람이 있나요? 잠시 동안이었다 해도요.

♥ 학교나 다른 모임에서 누군가에게 창피를 준 적이 있나요?

♥ 사귀는 사람이나 친구, 가족, 단체활동 동료가 지나치게 예민해 보이나요?

─── ∿∿∿∿ (정리하는 말) ∿∿∿∿ ───

비판하거나 비난, 불평하지 마세요. 데일 카네기는 이 첫 번째 원칙을 알리는 데 열심이었어요. 여러분이 이런 책에서 얻어야 할 점으로 '늘 다른 사람의 처지에서 보고 살피려는 마음이 전보다 늘어나는 것'이 가장 중요하다고 힘주어 말했죠.

진심으로 공감하면 다른 사람들을 이리저리 재거나 흠잡으려는 생각이 사라집니다. 상대를 이상한 사람으로 밀어내기보다 오히려 배울점을 얻고 한 팀을 이루며, 더 나아가 친구가 되기도 하죠. 비판과 비난, 불평이라는 3대 요소를 조심하면 곁에 늘 친구가 끊이지 않는 사람이 될 수 있어요. 전보다 더 친절하고 든든한 친구이자 가족, 여자친구, 팀원, 그리고 무엇이든 해내는 리더가 될 수 있습니다.

How to Win Friends and Influence People for Teen Girls

2장

칭찬하고 인정하세요

마음의 굶주림을 채워주는 소수의 사람이
다수를 휘어잡는다.

· 데일 카네기 ·

'중요한 사람'으로
인정받고 싶은 마음

◆

세상에서 원하는 대로 뭐든 가질 수 있다고 가정해 봅시다. 뭐가 좋을까요? 여학생들 대부분이 기다릴 필요도 없이 금세 답을 내놨어요. 대학 전액 장학금, 자동차, 기후 온난화 대책 자금 따위가 답안 목록에 쫙 올랐죠. 복권 당첨이면 된다고, 한 발짝 더 나아간 답도 있었네요.

그런데 일상 이야기를 시작하고 온갖 스트레스나 열받는 상황이 나오니, 아니나 다를까 돈 문제는 저편으로 사라지고 다른 화제가 떠올랐어요. 그저 존중받고 인정받고 싶다는 바람이었죠. 모두 자신이 다른 사람들에게 의미 있는 사람으로 여겨지길 원했어요. 세상에 변화를 일으킬 수 있을 만큼 중요한 사람이라고 인정받길 원했죠.

우리는 누구나 자신의 가치를 존중받고 싶어 합니다. 두 차례 올림픽과 수많은 국제 대회에서 우승한 체조 여왕 시몬 바일스는 미국 역사상 가장 뛰어난 체조선수로 널리 인정받고 있어요. 그런데 그 엄청난 재능을 하마터면 꽃피우지 못할 뻔했답니다. 알코올의존증 때문에 바일스를 키우기 어려웠던 어머니 대신 할머니와 할아버지가 바일스를 입양하지 않고 바일스가 지닌 재능을 뒷받침하지 않았다면 말이죠.

그분들은 바일스가 필요한 훈련을 꼭 받을 수 있도록 챙겨줬어요. 고등학교에 진학할지 아니면 홈스쿨링을 하며 체조 훈련에 집중할지를 결정해야 했을 때, 세계 무대에서 체조로 경쟁하겠다는 바일스의 선택을 밀어줬죠. 바일스는 가족이 생기고 자기 열정에 힘을 얻은 덕분에 스스로의 존재가 의미 있게 느껴졌다고 여러 번 말했어요. 바일스가 자신의 가치를 존중받는다고 느끼지 않았다면 우리는 올림픽과 세계선수권대회에서 그 멋진 체조 동작을 볼 수 없었을지 모릅니다.

우리 대부분은 올림픽 금메달을 목에 걸고 시상대에 오를 일이 없을 거예요. 그래도 한 번쯤은 다른 사람들로부터 인정과 관심을 받아보고 싶죠. 물론 십 대 청소년이 누리기는 어려운 일입니다. 청소년의 목소리가 늘 중요하고 가치 있게 받아들여지지는 않으니까요. 게다가 이미 자기 소신은 생겨났지만 자기 자리는 어디인지 모르겠고, 그저 삶이 무엇인지를 깨우치고자 버둥거려요. 이런 때에 무력함을 느끼기 쉽습니다.

어른들, 특히 남자 어른들이 모든 힘을 쥐고 있을 때 그 틀에서 벗어나고 싶은 충동이 이는 게 당연하죠. 그 충동은 인간의 본성이기도 해서 옳든 그르든 온갖 일에 손대도록 여러분을 부추깁니다. 1장에서 다룬, 남을 괴롭히는 무리를 떠올려 보세요. 그들의 잔인함 또한 '중요한 사람'이 되고 싶은 바람에서 비롯됐을 거예요. 그 바람은 여러분이 SNS 활동에 몰두하도록 만들기도 해요. 좋아요나 댓글, DM을 원하고, 그런 것들을 본인이 얼마나 중요하고 눈에 띄는 존재인지를 가늠하는 기준으로 삼죠.

데일 카네기는 사람들이 타인에게 '중요한 사람'으로 인정받는 것을 먹고 자는 가장 기본적인 욕구만큼이나 간절히 바란다는 사실을 알았어요. 그러니까 어떻게 해야 중요한 사람이라고 여겨질 수 있는지를 알아내면 여러분은 주위 친구들, 동아리, 가족과 훨씬 친밀해지는 비결을 손에 쥐게 됩니다. 사람들은 때때로 중요한 사람으로 인정받고 싶은 욕심에 남을 짓밟아서라도 그 기분을 누리려고 해요(이 부분은 뒤에서 자세히 다룰게요).

'나'라는 존재가 있는 그대로 가치 있다고 받아들여질 때의 고마움을 상상해 보세요. 다른 사람의 재능을 진심으로 알아주고, 서로의 마음이 훨씬 통하고, 신뢰가 쌓여 사이가 좋아졌다고 상상해 보세요. 근사하죠? 그 마음 도구가 운 좋게도 바로 이 장에 있어요.

사람을 바꾸는 칭찬의 힘

자, 상대가 중요한 사람으로서 대접받고 있다고 느끼게 해주려면 어떻게 해야 할까요? 간단해요. 솔직한 태도로 그 사람을 칭찬하고, 진심으로 인정하고 있음을 알려줍시다. 그러면 상대의 자존감을 올려줄 뿐만 아니라 여러분을 향한 그 사람의 시선도 긍정적으로 바뀝니다.

같은 학교에 다니는 그 여자애는 늘 자신감이 넘쳐서 눈에 띄곤 했어요. 얼마 전에 그 애를 비롯한 몇몇 친구들과 미술 작업을 함께 하고 있었는데, 문득 그 애가 저를 가리키며 "얘는 참 솔직해서 좋아. 누구에게든 꾸밈이 없어"라고 하더라고요. 누군가가 그렇게 알아줘서, 특히 내가 괜찮은 애라고 생각한 친구가 알아줘서 기분이 좋았어요. 그 애는 세상에서 제일 착하고 제일 다정한 사람 같아요.

— 펜실베이니아에서, 16세 스테파니

일주일을 아주 힘들게 보낸 적이 있어요. 치어리더 선발 시험에서 떨어졌고, 부모님과 한바탕했고, 뭘 해도 울적했죠. 남자 친구를 아주 좋아하지만, 그 애는 기분이니 뭐니 하는 얘기를 잘하는 편이 아니에요. 그런 애가 직접 만든 카드를 들고 우리 집에 왔을 때 깜짝 놀랐죠. 카드에는 '주위에서 제일 예쁘고 똑똑하고 유머 감각이 있는 애는 너란 걸 알려주고 싶었어. 이런 일로 축 처지지 마'라고 적혀 있었어요. 제가 얼마나 힘든지 남자 친구가 아는 줄은 몰랐는데, 덕분에 특별한 사람이 된 듯한 기분이 들었죠. 그 카드는 아직 가지고 있어요. 기분이 가라앉을 때마다 꺼내 보며 그 애를 생각해요.

— 워싱턴에서, 17세 타마라

어느 날 학교에서 별로 안 친한 여자애가 제게 다가오더니 "머릿결이 정말 좋다!"라고 말해줬어요. 그 애가 정말 괜찮은 사람이라고 주위에서 얘기하는 걸 들은 적이 있었어요. 저도 어느 틈에 '아, 정말 좋은 애다'라고 생각하고 있더라고요. 그 애를 더 호의적으로 보게 됐어요. 이젠 학교 복도에서 마주칠 때마다 저도 늘 인사해요. 스스로 꽤 괜찮은 기분도 들어요.

— 펜실베이니아에서, 15세 케이트

여러분이 살면서 만나는 사람은 저마다 장점이 있어요. 처음에는 잘 안 보일지도 모르니 다시 살펴보세요. 늘 조용하기만 해서 아직 제대로 대화를 나눠본 적 없는 옆자리 친구가 수업 시간에 발표를 기가 막히게 잘했다면 크게 말해주세요! 친구가 SNS에 올린 글이 좋았다면 말해주세요! 여러분이 스스로를 똑똑하고 이해심 많고 센스 있는 사람이라고 남에게 설명할 지름길은 없어요. 그보다는 상대방의 특별한 점이 여러분 눈에 보인다는 사실을 알리는 게 더 빠르죠. 상대방의 하루를 행복하게 해줄 뿐 아니라 여러분도 얻는 것이 생긴답니다. 대부분의 사람이 자기를 좋아하는 사람을 좋아하고 더 기꺼이 받아들이고 싶어 하는 건 단순하고도 명백한 사실이거든요.

상대방에게 다른 사람은 쉽게 발견하기 어려운, 심지어 자신조차도 모르게 자기 안에 간직하고 있는 보물이 있다고 일깨워 주세요. 그러면 여러분 눈앞에서 누군가의 하루가, 삶이 바뀌는 모습을 보게 될 것입니다. 세상도 더 아름다워져요. 상상해 보세요. 누구든 저마다 자기만의 장점을 지니고 있다고 느끼면 잘될 일이 얼마나 많겠어요?

칭찬의 힘을 아주 잘 활용한 제 친구가 있어요. 그 덕에 폐간 위기에 처했던 학교 문예지가 모두의 기대와 관심을 받는 잡지로 탈바꿈했답니다. 시작은 그 애의 친구였죠. 글을 정말 잘 쓰지만 잡지에 투고할 자신은 없는 남자애였어요. 제 친구는 그 남자애가 쓴 단편소설을 칭찬하고 한번 투고해 보라며 용기를 북돋아 줬어요. 용기를 내 투고한 원고가 잡지에 수록됐고, 이후 문예지의 세계에 완전히 빠져든 그 남자애는 이후 제 친구와 문예지 공동 편집장을 맡았어요. 두 사람이 함께 문예지 동아리를 이끈 지 3년이 흘렀죠.

동아리 회원 중에 한 여자애가 인스타그램 인플루언서였어요. 그 애가 올린 사진이나 팔로어 소통 방식을 제 친구가 몇 번 칭찬했죠. 그랬더니 그 여자애가 문예지에 실을 사진을 찍어주고 SNS에 홍보하는 일도 도와줬어요. 자기 계정에서 몇몇 작품을 멋지게 띄워줬을 뿐만 아니라 문예지 동아리 멤버들과 작가들의 재능을 근사하게 포장해 보여줬고요. 결과물은 그 애가 만든 것이지만 사실상 일의 시작은 제 친구 덕이었어요. 그 여자애의 재능을 알아보고 키워준 사람이 제 친구였으니까요.

반응이 꼬리에 꼬리를 물었어요. 한 아이가 다른 친구들에게서 숨은 힘을 끌어내고, 그 친구들이 돌아가며 또 다른 친구들을 북돋아서 동아리가 탄탄해졌어요. 모두 함께 자랑스러운 일을 해냈죠. 제 친구는 동아리 식구들과 공을 나누며 겸손해했지만, 리더십을 두루 인정받았답니다.

제가 아는 또 다른 친구는 자신에게 난독증이 있는 줄 모르는 채로 학교에서 아주 고생했어요. 스스로를 멍청하고 미래가 없다고 믿었죠. 그런데 친구들과 저는 그 애가 다른 방면으로 지닌 뛰어난 재능을 알고 있었어요. 그래서 그 애의 훌륭한 점이 꼭 칭찬받도록 신경 썼답니다. 그 애는 우리가 자전거를 고칠 때 도와주었고, 연극하는 애들이 무대 설치하는 것을 도왔어요. 손재주가 필요한 일이라면 뭐든 정말 잘했죠. 학교에서보다 더 크게 인정받을 자격이 충분했어요. 시간이 오래 걸리긴 했지만 친구는 점차 자신감을 회복해 갔고, 인생에 있어 좋은 성적을 받아 대학에 가는 길만이 옳은 것은 아니라는 사실도 받아들였어요. 지금은 건설 회사를 운영하며 존경받는 사업가가 되었답니다. 그 성공은 전부 그 친구가 스스로 이뤘지만, 어렸을 때 받은 칭찬이 좋은 영향을 끼쳤다고 생각해요.

사람마다 지닌 재능이 다양하다는 점을 우리 사회가 늘 잘 알아주진 않아요. 여러분부터가 자신의 가치를 알지 못하는 사람의 재능을 알아봐 주는 사람이 될 수 있어요.

'고맙다'고 말하면 생기는 일들

고생했다며 친구의 등을 토닥여 주고 싶다면 친구가 뭔가 대단한 일을 할 때까지 기다릴 필요가 없습니다. 사람들이 스스로를 중요한 사람이라고 느끼게 해줄 가장 쉬운 방법이 있어요. 그가 이미

한 일에 대해 고맙다고 감사의 인사를 전하면 됩니다.

애석하게도 이 방법은 잊기 너무 쉬워요. 우리가 대부분의 시간을 함께하는 사람들과 있을 때 특히 잊기 쉽습니다. 부모님은 부모님 역할만 했으면 좋겠죠. 집세를 내주고, 옷을 사주고, 차로 학교에 데려다주기만 바랍니다. 형제자매나 친구에게도 이런 식이에요. 필요할 때 그 자리에 있어 달라고 바라기만 합니다. 그게 그들이 할일 아니냐고요? 그럴지도 모르죠. 그런데 고맙다는 말 한마디 없이 그저 밤낮으로 일해주기를 바라도 되나요?

지금 여러분이 자질구레하게 맡은 집안일이나 아르바이트 일거리를 끝냈다고 생각해 봐요. 아주 훌륭하게 잘해냈다는 진심 어린 칭찬과 감사의 말을 듣는다면 또 그 일을 해야 한다 해도 기분이 한결 나아지지 않겠어요? 사귀던 상대와 헤어져 속상해하는 친구를 위로하느라 시간을 보냈을 때, 친구가 "곁에 있어 줘서 고마워"라고 말해주면 기분 좋지 않나요? 자, 이와 같은 방법은 여러분 곁에 늘 있어주는 사람 누구에게나 통합니다. 고마움을 살짝 전했을 뿐인데, 한 엄마가 얼마나 깜짝 놀랐는지 한번 들어보세요.

컨디션이 좋지 않았던 어느 날(아침부터 쭉 속이 안 좋았어요), 열여섯 살 된 딸 멀리사가 묻더군요. 집에서 친구들과 함께 영화를 봐도 되겠느냐고요. 잔소리하려다가 꾹 참고 허락하면서 몇 가지 조건을 붙였죠. 밤 11시까지는 친구들이 우리 집에서 나가야 한다, 큰 소리를 내서는 안 된다, 친구들이 가고 나서 정리 정돈한다 등등. 딸의 친구들이 오고, 그 애들이 요구하는 것들을 백만 개는 들어준 것 같아요. 아스피린 있나요, 생리대는요, 반창고요, 간식도요, 차 태워주세요……. 순순히 따라줬지만 밤 11시 15분이 돼서 마지막 아이까지 떠나고 현관문을 닫았을 때는 기진맥진했어요. 그때 딸이 저를 와락 끌어안더니 약속보다 친구들에게 훨씬 잘해줬다고 무진장 고마워하더군요. 다음 날 저 대신 집안일을 하나 해주겠다고도 했고요. 깜짝 놀랐죠. 그리고 딸이 고마움을 표현해서 무척 감격스러웠어요. 그 길고 길었던 밤 행사를 다시 한번 기꺼이 감당해 줄 수 있다고 생각할 만큼 말이에요. 저도 제 반응이 놀라웠어요. 고마움을 살짝만 전달받아도 마음이 확실히 풀어지네요.

— 펜실베이니아에서, 게일 C.

위의 이야기를 들으니 저도 부모님을 얼마나 당연히 여겼었는지가 생각나요. 가족마다 다르지만 하루하루 자잘한 일을 신경 써주는 사람이 있을 거예요. 저녁을 준비한다든지, 차로 어딘가에 데려다준다든지, 숙제를 도와준다든지 하는 일 말이에요. 살면서 늘 되풀이되는 일에 고맙다는 말을 깜빡 잊기란 참 쉽죠. 그런데 그 인사

말이 어떤 차이를 만드는지 보세요. 멀리사는 나중에 또 친구들을 집에 초대해도 될 가능성이 커졌어요. 엄마는 그날 밤에 얼마나 힘들었는지를 딸이 알아주고 고마워하는 태도에 진심으로 감동하죠. 앞으로도 멀리사가 고마움을 잘 표현한다면 엄마와 딸 사이는 더욱 돈독해질 거예요. 물론 여러분이 고마워한다고 해서 주위의 어른들이 모든 일을 허락해 주지는 않아요. 가끔 한 번씩 선을 긋고, 우리가 불구덩이로 뛰어들기 전에 막아서는 것이 어른들의 일이기도 하거든요. 그조차 그것 나름대로 고마워해야 할 일이죠.

부모님이나 형제자매, 가까운 친구들, 우리가 사귀는 사람들이야말로 특히 자주 고마워해야 할 사람들이에요. 우리는 그들이 곁에 있어주는 걸 너무나 당연하게 여기고는 해요. 하지만 누구라도 의리를 지킬지 말지, 배려할지 말지, 사랑할지 말지를 늘 선택할 수 있어요. 우리 역시 다른 사람의 노력과 희생을 알아줄지, 진심으로 고맙다고 전할지를 고를 수 있죠.

진심을 담아 고맙다고 표현해 보세요. 그러면 데일 카네기의 표현대로 '결코 채워지지 않는 굶주림'과도 같은 '인정받고 싶은 마음'을 채우게 됩니다.

온라인에서도 칭찬과 감사를 잊지 마세요. 인터넷은 온갖 부정적인 기운과 끔찍함이 가득한 시궁창이 될 수 있어요. 그러니 칭찬과 감사를 잘 표현해 긍정적인 기운을 퍼뜨리면 얼마나 더 돋보이겠어요. 친구들이 올린 사진에 좋아요만 누르지 말고 칭찬해 주세요. 영어 점수가 형편없을까 봐 걱정된다는 부정적인 게시글이 올라오면 잘할 수 있을 거라고 다정하게 격려해 주세요. 친구가 보낸 동영상을 볼 때마다 얼마나 배꼽 빠지게 웃었는지 알려주세요. 사람들에게 좋은 영향을 끼치면서, 그들이 함께 어울리고 싶어 할 사람이 됩시다.

의미 없는 칭찬을 조심해요

자, 이제 비법을 알게 되었으니 친구들에 관해 주변에 한두 마디씩만 좋게 이야기하고 다녀도 모두에게 사랑받는 리더가 될 수 있겠죠. 정말 그럴까요? 글쎄요……. 반은 맞고 반은 틀려요. 데일 카네기는 다음과 같이 경고합니다.

"누구나 칭찬과 인정을 간절히 원하고 이를 위해서 거의 무엇이든 한다. 하지만 마음에 없는 소리는 아무도 원하지 않는다. 아첨을 바라는 사람은 아무도 없다."

대부분의 사람이 자신을 향한 사탕발림 정도는 쉽게 알아챕니다. 진정성 없는 칭찬이 계속되면 자기 실속이나 채우려는 속내가 빤히 보이고, 그렇게 되면 결국 바라는 대로는 얻을 수가 없게 되죠.

진실하게 구체적으로 말하세요. 누구에게나 하듯이 그냥 '멋지다'라고 판에 박힌 말로 칭찬하지는 마세요. 여러분이나 상대에게 의미 있는 무언가를 파고드세요. 편의점에서 아르바이트를 하는데 점장이 왔다고 예를 들어볼까요. 어떤 칭찬을 받고 싶나요?

- 오늘도 잘했어요. 계속 힘내줘요.
- 저기 계신 할머님을 도와드렸단 얘길 들었어요. 채식하는 손녀에게 어떤 음식을 해줄지 궁리하시던 분 말이에요. 손님의 고민을 들어드리다니, 정말 친절했어요. 계속 힘냅시다!

두 번째 칭찬은 점장이 실제로 여러분에게 관심을 기울였다는 사실을 보여줘요. 계속해서 북돋아 주고 싶은 장점인 친절함을 구체적으로 칭찬했죠. 직원은 이런 칭찬에 더 긍정적인 영향을 받게 될 거예요. 사진반 수업에서 과제로 찍은 사진을 인스타그램에 올렸다면 어떤 말을 듣고 싶나요? 댓글로 이모티콘만 달아줘도 당연히 고맙겠죠. 그런데 '와, 사진에 쓴 빛이 아주 멋져! 재능 있다!'라는 댓글이 달렸다면 어떨까요? 마음에 더 와닿고 의미도 훨씬 크지 않나요?

그런데 세상에는 칭찬으로 상대를 휘두르려는 사람이 많아요. 날카로운 말로 마음에 상처를 내놓고는 그 위에 칭찬을 연고처럼 쓰는 방식의 얄팍한 꼼수를 부리는 사람도 많죠. 언니나 오빠, 동생이 여러분에게 진공청소기 쓰는 실력을 칭찬하며 집안일을 떠맡기려고 한다면 여러분 기분이 어떻겠어요? 도대체 어느 누가 그 말에 넘어갈까요? 진공청소기를 잘 쓴다고 칭찬하다니요? 수학 시간에 누군가 여러분의 실력을 비웃었다고 가정해 봅시다. 선생님이 상황을 눈치채니 태도를 바꿔 "얘, 네 신발 정말 예쁘다"라고 말하네요. 뜬금없는 칭찬이 눈물겹군요.

하지만 사람들이 이렇게 뻔하기만 하지는 않아요. 스킨십에 목적이 있는 사람들은 원하는 것을 얻고자 칭찬을 교묘히 아주 잘할지도 모릅니다. 당장 처음에는 뻔하지 않을 수도 있어요. 그래도 결국은 본색을 드러내기 마련이죠.

진심에서 우러난 칭찬은 무엇인가를 원해서 나온 칭찬과 완전히 다릅니다. 인정과 아부의 차이와 같죠. 데일 카네기도 다음과 같이 말했어요.

"하나는 진심이 담겼고 다른 하나는 진심이 없다. 하나는 마음에서 우러나오고 다른 하나는 입에서 나온다. 하나는 이기적이지 않고 다른 하나는 이기적이다. 하나는 누구나 존중하고 다른 하나는 누구나 비난한다."

사람들은 멀리서도 가짜를 기가 막히게 알아봅니다. 그러니 아부는 커다란 빨간불입니다. 가짜냐, 진짜냐, 아래에서 한번 따져봅시다!

방금 여러분은 학교 연극에 참가하려고 오디션을 봤어요. 친구가 이렇게 말합니다.

친구 1 "캐릭터 느낌 잘 살렸더라. 배역 꼭 따내길 빌어."

친구 2 "연기 대단하더라! 배역 따내면 공짜 표 좀 줄 수 있어?"

시험 문제를 어렵게 내기로 유명한 생물 선생님이 쪽지시험을 보겠다고 해요. 친구가 이렇게 말합니다.

친구 1 "넌 늘 잘하고 있어. 이번에도 잘할 거야!"

친구 2 "넌 똑똑하니까 아무 걱정 없어. 시험 볼 때 답안지를 내 쪽으로 좀 돌려놔 줄래?"

새로운 데이트 상대와 영화를 보기로 했어요 상대가 보자마자 이렇게 말합니다.

데이트 상대 1 "정말 기대되네. 그 영화 예고편 봤어?"

데이트 상대 2 "이야, 멋지다! 네가 입은 셔츠도 맘에 들어. 그래서 영화 말인데, 이거 말고 다른 영화 보지 않을래?"

친구가 핼러윈 파티를 연다며 이렇게 말합니다.

친구 1 "분장 아이디어가 기발하다! 다 하면 사진 찍어서 문자로 보내봐!"

친구 2 "분장이 정말 근사하다! 경연에 입고 나가게 좀 빌려줄 수 있지?"

뻔하죠? 친구 1의 답은 마음에서 우러나와 감탄하고 칭찬하며 용기를 북돋아요. 친구 2의 답은 의도가 훤히 보이죠. 다른 것을 부탁하기 위한 사탕발림이군요. 속내가 뻔하고 얄미워서 믿음을 무너뜨려요. 하지만 우리는 이 뻔한 아부에 이끌려 넘어갑니다. 이런 말들을 들으면 대단한 존재가 된 듯한 기분이 들거든요. 여러분 주위에 친구 2처럼 말하는 사람이 있다면 조심하세요. 거짓 칭찬으로 여러분 마음을 휘두르지는 않나요?

어떻게 하면 존중받는다고 느낄까요?

상대를 잘 알고 함께 어울리기 전에 여러분 자신부터 알아야 해요. 고리타분하지만 중요한 사실이랍니다. 여러분은 어떻게 하면 스스로를 중요한 사람이라고 느끼나요? 다른 사람들이 여러분의 어떤 점을 인정하고 존중하고 칭찬하기를 바라나요?

모두가 자기 자신만의 특기를 통해 존중받고 싶어 해요. 예술이든, 학업이든, 온라인 게임이든 상관없어요. 내가 잘하는 것이 무엇인지 알고, 내가 중요하게 생각하는 핵심 가치가 무엇인지를 알면 다른 사람이 아부하거나 조종하려는 수에 맞서 방탄조끼를 입은 듯 끄떡없게 됩니다.

여러분이 몸과 마음의 안정감을 느끼는 최소한의 기준선이 있을 거예요. 주위 사람들과의 관계에 마음속으로 그어둔 선이라든지, 사귀는 사람과의 스킨십에 세워둔 기준이 있을 수도 있겠네요. 여러분이 믿는 가치를 잘 알고 안전하다는 느낌만 받아도 스스로를 보호할 수 있어요. 여러분이 인정받고 싶은 마음을 이용하려는 사람들로부터 말이죠.

한편으로, 위와 같은 사실을 기억하면 여러분도 상대의 마음을 엿볼 수 있어요. 주변 사람들이 언제 자기 존재를 인정받는다고 느끼는지 눈여겨보세요. 어떻게 하면 이런 정보를 바탕으로 그들에게 의지를 북돋고 꿈을 응원하며 그들이 성공하도록 도울 수 있을까요?

이 생각을 1장에서 배운 내용과 연결 지어봅시다. 평가하거나 비난, 불평하려는 마음이 샘솟을 때마다 이번 장에서 알게 된 마음 도구를 떠올립시다. 칭찬하고 고맙다고 말하면 상대는 자신이 중요한 사람이라고 느끼고 핵심 가치도 존중받는다고 느껴요. 사람 사이에 얼마나 믿기 힘든 변화가 생기는지 알면 깜짝 놀랄 거예요. 다른 사람의 힘을 최대치로 끌어내도록 도울 수도 있어요. 그렇게 하면 나와 상대, 모두에게 도움이 된답니다.

중요한 사람으로 인정받고 싶어 하는 여러분의 마음도 다른 사람들에게 이용될 수 있어요. 그럼에도 청소년기는 '나'라는 존재를 보다 뚜렷이 알게 되는 멋진 시기죠. 나중에 어떤 사람이 되고 싶은지, 그 뜻을 어떻게 지켜낼지 정하는 것도 이때랍니다. 본인의 선을 어디에 그을지, 자신만의 결정을 어떻게 내릴지 정하는 때이기도 해요. 쉽지는 않아요. 그러니 길을 따라가다 마음을 바꾸거나 좀 어설프고 실수해도 괜찮습니다. 그래도 어떤 사람이 되고 싶은지는 제대로 생각해 볼 만한 가치가 있어요. 그런 생각들이 여러분의 마음을 휘두르려는 사람에 맞서서 갑옷이 되어줄 테니까요.

지금 바로 해봅시다. 종이 한 장을 꺼내 여러분의 핵심 가치와 목표, 신념을 정리해 보세요. 무엇이 자존감을 북돋나요? 어떻게 하면 중요한 사람이 된 느낌이 들죠? 여러분이 아부나 심리 조종에 무너질 수 있는 곳도 바로 그런 부분들입니다. 이제 여러분의 성격을 쭉 써보세요. 여러분을 드러내는 단어나 여러분의 믿음, 여러분이 누구인지 알려주는 것들이죠. 여러분이 양보할 수 없는 것, 절대 넘지 않을 선은 무엇인가요? 어떤 사람으로 알려지기를 원하나요? 친절하고, 똑똑하고, 유머러스하고, 뚜렷한 장래 희망이 있고, 모험심이 강하고, 쾌활하고, 겁이 없고, 남을 위하고, 재능 있고…… 또

뭐가 있죠?

자, 여기서 그냥 넘어가면 안 돼요. 조금 난처하게 느껴지는 주제들까지도 빠짐없이 들여다보기로 합시다! 결코 일어날 리 없는 일이어도 상관없습니다. 사귀는 사람과의 스킨십이나 정신 건강, 음주, SNS, 외모 문제, 장래 계획, 희망 직업, 대학 진학 등 생각나는 것은 뭐든지 다 좋아요. 창피해서 넘어가고 싶을수록 시간을 들여 생각해야 할 문제일 수 있어요. 옳거나 그른 답도 없고, 정해진 대로 생각하라는 법도 없어요. 그저 여러분에게 맞는 답만 있죠. 천천히 하세요. 서두르지 말고요.

다 썼으면 지금까지 쓴 내용을 다시 읽어보세요. 여러분이 되고 싶은 모습을 정확히 드러낸다고 생각하나요? 그다음으로 현재의 삶을 한번 들여다보세요. 다른 사람들도 여러분이 쓰고 생각한 내용이 정확하다고 생각할까요? 아니면 지금 사는 방식이 스스로에게 보이고 싶어 하는 모습과 영 딴판인가요?

정리를 마쳤으면 종이를 접어 잘 보관해 두세요. 가끔 다시 꺼내 보며 여러분이 길을 제대로 가고 있는지, 혹은 여러분이 되고 싶어 하는 모습이 달라지지는 않았는지 따져보세요. 종이는 어디에 두었는지 꼭 기억해 두고요. 여러분이 언젠가 어려운 결정을 앞두고 꺼내봐야 할지 모르니까요.

여러분의 가치가 무엇이어야 하는지, 여러분이 어떤 사람인지에 대해 저는 말씀드릴 수 없어요. 여러분만이 결정할 수 있죠. 한꺼번에 다 결정하지 않아도 됩니다. 심지어 어른들도 아직 결정하는 중이랍니다. 다만 명심하세요. 어떤 사람이 되고 싶은지 정말 확실하다면 아첨꾼이나 마음을 조종하는 사람들로부터 여러분 자신을 보호하는 데 도움이 됩니다. 스스로 책임지는 사람이 되세요. 다른 사람이 여러분을 대신해서 결정하도록 놔두지 말고요.

∷ 나의 지금 모습 살피기 ∷

♥ 지금껏 들어본 칭찬 중에 어떤 칭찬이 가장 좋았나요? 누가 해줬죠? 믿음직하던가요? 왜 진실하게 들렸나요? 그 칭찬을 듣고 어떤 기분이 들었나요? 칭찬해 준 사람에 대해서는 어떤 생각이 들던가요? 질문에 대한 답을 종이에 적어보는 시간을 가지세요.

♥ 최근 여러분이 다른 사람에게 가장 잘한 칭찬을 떠올려 보세요. 상대가 정말 감동한 듯했나요? 칭찬에 으쓱하던가요, 아니면 그냥 웃던가요? 칭찬하니 기분이 어땠나요? 칭찬한 기억이 없다면 다음 몇 주 동안 칭찬할 기회를 살피세요(여러분이 아는 누구든 칭찬할 만한 무엇인가가 있다는 점을 명심하세요).

♥ 여러분과 시간을 제일 많이 보내는 사람들의 이름을 쭉 써보세요. 부모님이나 형제자매, 사귀는 사람, 친구, 동아리 친구, 아, 그리고 선생님도요. 앞으로 몇 주 동안 여러분이 평소에 당연하게 생각하던 점에 고마움을 전해보세요. 그런 다음 상대가 기대하지 못한 감사 인사를 받고 어떻게 반응했는지 적어보세요. 기분이 어떤가요?

♥ 여러분이 중요하게 여기는 핵심 신념과 가치를 작은 종이에 써서 늘 가까이에 두세요. 책가방 안주머니나 지갑 같은 데 잘 접어 넣어둡니다. 여러분이 행동하는 목적이나 다른 사람이 칭찬하는 동기가 헷갈릴 때 여러분이 적어둔 목록을 떠올리세요. 그 자리에서 굳이 꺼내 읽지 않아도 됩니다. 여러분이 믿는 가치를 글로 적어서 가지고 다니면 어떤 기분이 들까요? 그와 얼추 비슷하게 맞춰 사는 데에 도움이 될까요? 가치에 어긋나는 행동을 하기 어려워지나요? 다른 사람들에게 전보다 더 힘이 되어주고 싶어지고 세상도 더 좋게 보게 될까요?

어른들이 질서를 정하는 세상에서 청소년으로 살다 보면 아무 힘이 없다고 느낄 수도 있어요. 하지만 이는 주위 사람들의 목소리가 세상에 제대로 들리도록 도울 기회가 있다는 뜻이기도 해요. 사람들이 자신을 중요한 사람으로 느끼도록 자신감을 북돋우면 이전과는 전혀 다른 사람처럼 바꿀 수 있어요.

여러분과 이미 가까운 사람들에게만 적용되는 말이 아닙니다. 여러분이 만나는 누구든 저마다 내세울 장점이 있어요. 처음에 칭찬할 만한 점이 안 보이면 다시 봅시다. 그들의 긍정적인 기운에 힘을 보태주세요. 관심을 받으면 기운이 난답니다. 사람들의 단점은 잊어요. 관심을 받지 못하는 부정적인 부분은 자연스레 활기를 잃으니까요. 반대로 다른 사람의 재능을 인정하고 좋은 점을 칭찬하면 그 사람은 자신의 능력을 마음껏 펼칠 용기가 생깁니다. 여러분도 가장 자기다운 모습으로, 자기 가치에 충실하면 자신만의 힘을 지닌 멋진 어른으로 자랄 수 있어요.

How to Win Friends and Influence People for Teen Girls

3장

미소와 관심을 보여주세요

사람들로부터 관심을 끌려고 노력한 2년보다
사람들에게 진심으로 관심을 보인 두 달 동안
친구를 더 많이 사귄다.

· 데일 카네기 ·

반갑게 환영하세요

✦

친구 사이를 들여다보면 저마다 원하는 모습이 다릅니다. 가까운 친구 몇 명이나 심지어 제일 친한 친구 딱 한 명만으로 만족하는 사람들이 있어요. 그런가 하면 늘 여럿이 어울려 다니며 부지런히 활동하는 친구 무리를 갖고 싶어 하는 사람들도 있죠. 다양한 경로를 통해 알게 된 친구들을 골고루 곁에 두고 싶어 하는 사람들도 있고요. 저마다 나름대로 좋아하는 스타일이 있습니다. 어쨌든 우리 모두에게는 공통점이 하나 있어요. 바로 친구가 있다는 점, 친구를 사귀어야 한다는 점이죠. 어떤 사람들에게는 자연스러운 일입니다. 그런데 내 편을 찾는 일이나 새로 친구가 될 사람에게 마음을 여는 일이 어려울 때도 있어요.

새 학년에 되어 맞이하는 첫날은 누구에게나 떨리는 경험입니다. 분위기는 어떨지, 사람들이 나에게 무엇을 기대할지, 좋은 친구를 많이 사귀게 될지 아니면 외톨이가 될지 전혀 모르죠. 선생님들은 마음에 들까요? 유치원에서든 대학에서든, 낯선 얼굴이 가득한 복도를 걸어가게 되면 누구나 긴장합니다. 게다가 이 낯선 얼굴 가운데서 친구를 찾기란…… 완전히 다른 차원의 노력이죠. 그런데 다행히도, 언제 누구와 있든 어색함을 간단하게 풀 방법이 하나 있어요. 무슨 말을 하면 좋을지 생각할 필요조차 없답니다.

미소만 지으면 돼요. 그야말로 막강한 힘이죠. 영국의 작가 루이스 캐럴이 쓴 소설 『이상한 나라의 앨리스』 속 체셔 고양이처럼 이를 있는 대로 다 드러내고 상대를 뚫어지게 쳐다보며 소름 끼치게 웃을 필요까지는 없어요. 누군가와 눈이 마주쳤을 때 살짝 미소 짓기만 해도 마음을 전하고 좋은 인상을 남기기에 충분합니다. 마치 "안녕, 잘 지내? 난 친절하고 자신감 넘치고 친해져 볼 만한 사람이야. 말 걸어도 돼"라고 말을 거는 것과 같아요. 다만 그렇게 말로 설명할 때보다 훨씬 덜 어색하죠.

어떻게 해야 미소를 '제대로' 짓는 건지 긴가민가할 수도 있습니다. 그럴 때는 원하는 느낌이 표정에 드러나도록 마음속에 문장을 떠올려 보는 것이 도움 되기도 해요. 학교에서 첫날 누군가와 눈을 마주치고 '괜찮아, 우린 잘 지낼 수 있어'라고 생각하며 미소 짓는 것과, '날 싫어하지 말아줘'라는 말을 되풀이하며 미소 짓는 것은 완전히 다른 인상을 주겠죠. 미소를 짓는다고 해서 친구가 되어 달라고 애걸복걸하거나 불필요한 관심을 불러일으키거나 하다못해 햇살처럼 눈부셔야 할 필요도 없어요. 같은 생각이나 같은 편이라는 느낌, 꾸밈없이 통하는 방식이면 됩니다.

미소의 효과를 못 믿겠다고요? 이렇게 생각해 보세요. 여러분이 편하게 말을 걸어볼 만한 사람이 누굴까요? 길게 내려온 앞머리 뒤에 감춘 눈으로 주위를 노려보는 남자애일까요? 아니면 내 쪽을 쳐다보다가 놀라서 황급히 눈을 내리까는 여자애일까요? 그도 아니면 사람들과 눈을 맞추며 따뜻한 미소를 지어 보이는 사람일까요? 묻고 따질 필요도 없습니다. 내게 말 걸고 싶어 하는 것처럼 보이는 사람과 말하고 싶겠죠. 이건 서로 마찬가지랍니다.

고등학교 1학년 때 연극 오디션을 보러 갔어요. 아는 사람이 아무도 없었죠. 혼자 앉아서 대사를 연습하며 떨지 않으려고 애썼어요. 문득 보니, 대여섯 발짝 떨어진 자리에 앉아 있던 여자애가 저를 보고 환하게 웃어줬어요. 그걸 보자마자 '와, 쟤 정말 상냥하다'라고 생각했는데, 그 애가 심지어 제 쪽으로 다가와서 인사했어요. 저희는 그때부터 쭉 친구예요.

— 펜실베이니아에서, **14세 킴**

누구든 한 번쯤은 겪어본 상황이죠. 한 공간 안에 있는 사람들이 서로 다 잘 아는 것 같은데 나 혼자만 낯선 사람인 상황, 기분 좋은 경험은 아닙니다. 그때 맞은편에서 누군가 미소 지어준다면 꼭 구명조끼를 건네받은 듯한 느낌이 들겠죠. 그러니 여러분도 친구가 필요해 보이는 사람에게 잊지 말고 따뜻함을 베풀어주세요.

물론 미소의 효과를 받아들일 자세가 제대로 되어 있어야 해요. 미소를 볼 줄 알아야 한다는 말이죠. 안 떨리는 척하려고 딴청을 피우거나 얼굴을 어딘가에 파묻고 싶은 마음이 굴뚝같거든요. 눈을 딴 데로 돌리면 다른 사람들의 반응을 안 봐도 되잖아요? 하지만 스마트폰만 뚫어져라 쳐다보거나 발끝만 내려다본다면 누군가 건네는 구명조끼는 여러분의 머리 위로 지나쳐 가겠죠. 어렵겠지만 하루만이라도 노력해 보세요. 억지로라도 스마트폰을 책가방에 넣어 두고 고개를 들어 정면을 보세요. 누군가 건네려던 미소를 그 순간에 딱 마주할지도 몰라요!

미소를 짓고 따뜻한 분위기를 전달하면 사람들은 여러분을 알고 싶어 할 뿐 아니라 여러분이 원하거나 필요한 것에도 마음을 엽니다. 1장에서 하지 말라고 배운 세 가지 행동과 정반대로 되는 거죠. 미국 보스턴대학교의 홍보 담당자인 넬리아 폰테가 해마다 학교 기록물을 만들 때 함께 일할 사람을 어떻게 뽑는지 들어보세요. 면접에 오는 사람들은 대부분 학생이고 경험도 별로 없어서, 사람을 고를 때는 개인적인 인상에 무게를 두는 편이랍니다.

지원자가 미소 지으며 싹싹하게 굴면 늘 눈길이 가요. 스무 살
짜리 대학교 1학년생이 들어와서 제 안부를 물으면 그 자리에
서 바로 채용하고 싶죠. 어른스러운 티가 나거든요. 들어와서
벽 쪽을 두리번거리며 '저기요, 면접 보러 왔어요'라고 웅얼거
리는 학생들이 있어요. 그러면 '인생을 좀 더 살아보고 와요.
몇 년 뒤 철들면 얘기합시다'라고 내뱉고 싶어져요. 다시 말해
학생이 미소 띤 채 들어와서 제 눈을 보고 스스럼없이 말하면
자신감이 충분한 학생이니 뒤치다꺼리 안 해도 되겠다는 느낌
이 드는 거죠. 학생들은 이력서도, 경력도 없이 와요. 그래도
상관없어요. 들어와서 인사만 해도 인성이 어떤지 알기 충분
하죠.

미소와 친절은 나이와 상황이 어떻든 친구를 사귈 때 아주 중요
합니다. 물론 말은 쉽죠. 직접 그 상황에 놓이면 틀림없이 주눅이
들거든요. 실천하기 쉽지는 않지만 아주 못 할 정도도 아니라서 별
부담 없이 큰 효과를 볼 수 있습니다. 생각해 보세요. 누군가 여러
분에게 우연히 웃어주었다면, 그게 엄청난 일일까요? 아마도 아니
겠죠. 최악의 상황으로 넘겨짚지 마세요. 무언가 끔찍한 일이 벌어

지리라고 지레짐작하는 습관을 버리고 상황에 알맞게 미소를 지어보세요.

다른 동네로 이제 막 이사했든 학교를 옮겼든 새 동아리에 들어갔든, 미소는 '입장권' 역할을 합니다. 언제든 새로운 상황에 놓인다면 반갑게 환영한다는 미소를 지어보세요. 그러면 환영받을 가능성이 백만 배쯤은 더 커집니다. 간단하죠?

무엇에 미소 지을까요?

도저히 미소가 지어지지 않을 때도 있어요. 불편하거나 낯선 상황이 아니라도 그렇습니다. 뜻밖의 일들이 불현듯 벌어집니다. 엄마 아빠의 부부 싸움으로 집안 분위기가 냉랭해지질 않나, 절친한 친구가 말문을 닫질 않나, 쪽지 시험을 망치질 않나, 하다못해 수학 숙제에다 점심 도시락마저 깜빡했어요. 그러고도 겨우 화요일이랍니다. 미소를 지어보려 해봐야 맘처럼 되지 않죠. 그런데 이때야말로 미소가 제일 힘이 될 때랍니다. 여러 연구 결과에 따르면, 미소를 한 번 지어보는 것으로도 기분이 좋아지기 충분하다고 해요. 가짜 미소라도 그렇다네요! 울적한 기분에 사로잡혀 있다면 행복한 척(혹은 억지로라도 미소 짓는 척)해보세요. 하루를 무사히 넘길 만큼 기분이 좋아집니다.

그렇다고 문제를 본척만척하라거나 심각한 정신 건강 문제를 웃어 넘기라는 이야기는 아니에요. 여러분이 앞길을 헤쳐나가야 할 때 가짜 미소라도 얼마나 큰 힘이 되는지 알면 놀랄 거란 말이죠. 누가 알아요? 여러분의 미소 한 번에 누군가의 하루는 활짝 필지도 몰라요.

우리 학교에 늘 웃는 여자애가 있어요. 그 애는 서로 잘 모르는 사이라도 복도에서 보면 인사해요. 재미있는 이야기도 많이 알고요. 그 애가 말을 걸어주면 기분이 좋아져요. 사실 그 애와는 가까운 사이도 아닌데 말이죠. 그 애를 보면 따라 하고 싶은 생각이 들어요. 저도 잘 모르는 애들한테 친절히 대해주고 싶어요.

— 펜실베이니아에서, 16세 리디아

이런 사람이 많으면 많을수록 등교 첫날의 긴장감이 한결 줄어들겠죠. 뻔한 이야기나 지나친 긍정처럼 들릴 수도 있을 거예요. 하지만 미소에는 분명 기운을 북돋고 상대의 마음을 열 수 있는 힘이 있습니다. 심지어 닫혀버린 문도 열어요. 수고가 거의 들지 않는 일 치고는 꽤 괜찮죠.

기분이 가라앉을 때일수록 미소가 필요한 이유는 또 있어요. 데일 카네기는 다음과 같이 설명합니다.

"행복과 불행은 우리가 가진 게 무엇인지, 어떤 사람인지, 어디에 있는지, 무엇을 하는지에 따라 정해지지 않는다. '어떻게 생각하느냐'에 따라 달라진다. 두 사람이 같은 장소에서 같은 일을 해도 한 사람은 불행하고, 한 사람은 행복할 수 있다. 왜일까? 마음 상태가 다르기 때문이다."

'마음 상태'를 크게 차지하는 부분이 바로 '행복 찾기'입니다. 만약 여러분이 '제일 가고 싶은 대학에 들어가고, 인기 축구팀에서 뛰고, 좋은 아르바이트를 구하고, 예쁜 옷을 살 수 있으면 얼마나 행복할까'라고 생각한다면, 실망하려고 작정한 것이나 다름없어요. 행복을 외부 조건에서만 찾는 태도는 불행을 만들어내는 레시피와도 같아요. 왜냐하면 행복을 판가름하는 결승선은 절대 멈추지 않고 끊임없이 움직이기 때문이죠.

자, 장학금을 받고 원하는 대학에 들어갔습니다. 이루고 싶은 대로 이뤘으니 이제 더는 행복을 걱정하지 않아도 되나요? 금세 또 새로운 목표와 바람을 품게 되지 않을까요? 여러분이 원하는 만족감과 기쁨을 준다고 생각하는 외부 조건은 자부심과 성취감을 엄청나게 몰고 오죠. 네, 행복도 물론이고요. 한동안은 그렇습니다. 그러나 얼마 지나지 않아 새로운 목표를 세우고 열심히 좇아야 할 때가 옵니다. 다음 목표만 이루면 마침내 '진정한 행복' 단계에 다다른다고 생각하죠.

이 과정은 진이 빠지게 되풀이됩니다. 정말이에요. 저도 할 만큼 해봤어요. 그러다가 행복이라는 쳇바퀴에 다람쥐처럼 갇혀 있다는 사실을 깨달았죠. 이대로 내버려둔다면 평생 그 안에서 빙글빙글 돌고 있겠더군요.

외부 조건에서 행복을 얻을 때의 문제가 또 있어요. 여러분이 그 조건을 대부분 조절할 수 없다는 겁니다. 목표를 예로 들어봅시다. 어떤 목표가 훨씬 나아 보이나요? 내 손으로 직접 완벽히 써낸 장학금 신청서 열 통인가요, 아니면 열 군데서 받는 장학금인가요? 하나는 여러분이 완벽히 조절할 수 있지만, 다른 하나는 운이나 타이밍, 신청자 수, 각 신청자의 정보 등등 아주 많은 조건에 따라 달라져요. 자기 행복의 열쇠를 다른 사람에게 넘겨주지 마세요. 축구팀에 뽑힐지 말지는 어떻게 할 수 없지만, 선발 테스트가 있을 때마다 빠짐없이 참석해서 최선을 다하는 정도는 틀림없이 할 수 있어요. 자신이 할 수 있는 일에 집중하면 늘 미소 지을 일이 생깁니다.

바깥이 아니라 자기 안의 행복에 집중한다 해도 삶이 버거울 때가 있죠. 정신없이 바쁘고 일이 산더미처럼 쌓여요. 학교나 가족, 장래, 기타 등등 백만 가지쯤 되는 일에 빠져 허덕이는 듯한 느낌도 들어요. 늘 슬프거나 북받치는 감정이 해소되지 않고 앞으로 나아가는 데 방해가 된다면 일반적인 어려움만은 아닐지도 몰라요. 우울감이나 불안감 같은 정신 건강 문제는 아주 흔하고 치료할 수도 있어요. 마치 몸에 생기는 병과 같아서 실제 도움이 되는 치료법도 알려져 있답니다.

대신 제대로 치료를 받으려면 여러분의 정확한 기분을 알려야 해요. 부모님이나 형제자매, 혹은 선생님 등 누군가에게 알리면 여러분이 전문가의 상담을 받도록 도움을 줄 거예요. 도와달라고 손 내밀기가 쉽지 않지만 일단 해볼 만한 가치가 있죠. 필요한 도움을 받으면 이런저런 일에 대처할 수 있겠다는 느낌도 다시 듭니다. 학교에도 이런 문제들을 다루는 선후배 멘토링 모임이 있을 거예요. 그 과정에 함께하다 보면 마음 맞는 친구까지 사귀게 될지 모릅니다. 부담은 나눌수록 그 무게가 가벼워져요.

'이름 불러주기'의 효과

자, 여러분이 미소를 지어줬고, 상대도 미소로 화답했어요. 여러분은 이제 친구 사귀기의 달인이 된 거예요! 새로 사귀게 된 친구가 뭐라 말하는군요.

이제부터 더욱 정신 차리고, 집중하세요!

상대를 만난 뒤 첫 2초 동안, 아주 중요한 정보가 생깁니다. 꼭 주의해야 하는 이 정보는 바로 상대의 '이름'이에요. 온라인 대화라면 간단하죠. 컴퓨터 모니터나 스마트폰 화면에 떡하니 새겨져 있으니, 이름을 깜빡했다면 화면을 위로 움직이기만 하면 그만입니다. 그러나 우리 인생이 늘 쉽지만은 않죠. 상대와 실제로 만났다면 어떨까요? 사람을 기억하기로는 이름만큼 의미 있고 구체적인 정보가 없어요. 그런데 이름은 상대가 처음 알려줄 때 정확하게 기억하지 못하면 여러분이 자기소개를 마치기도 전에 기억에서 사라집니다. 상대와 서로 인사하고 30분 동안 대화를 주고받다가 헤어지고 나서야 이름을 잊어버렸다고 깨달은 적이 있지 않나요? 그보다 더 심한 경우라면 상대를 틀린 이름으로 불렀다가 지적받고 이름을 까먹었단 사실이 들통나 버린 때겠죠.

> 저와 함께 입학한 1학년 신입생은 총 150명이었어요. 저는 딱 3개월 만에 모두의 이름을 알았지만, 아직 제 이름을 모르는 애들이 있어요. 그런 애들한테는 시간을 들일 가치가 없다는 생각이 들어요.
>
> — 플로리다에서, 14세 세라

절친한 친구의 사촌 여자애와 대여섯 번은 만나 함께 어울렸어요. 우연찮게 또 다른 친구가 그 여자애를 소개해 줬을 때 제가 "아, 전에 만난 적 있어"라고 했죠. 하지만 걔는 저를 전혀 알아보지 못했어요. 지금도 제 이름을 제대로 기억하지 못해요. 친구는 자기 사촌이 이름을 잘 못 외울 뿐이라고 대신 변명하지만 걔가 저를 하찮게 여긴다는 느낌이 들어요. 이젠 걔가 정말 싫어요.

— 인디애나에서, 13세 티파니

사람들은 본인이 자기 이름으로 불리지 않고 있다는 사실을 기가 막히게 알아챕니다. 솔직히 배우나 가수, 스포츠 스타의 이름은 아무리 많아도 기억하잖아요. 그렇다면 나와 직접적으로 연결된 사람들의 이름은 더더욱 확실하게 기억해 내야죠.

미국의 루스벨트 대통령은 백악관에서 일하는 환경미화원이나 관리인을 비롯해 모든 직원의 이름을 기억하기로 유명했어요. 클린턴 대통령이나 조지 W. 부시 대통령도 마찬가지였죠. 미국 대통령이 모든 직원의 이름을 기억할 시간이 있다면, 우리도 거뜬히 해낼 수 있어요.

평소에 그저 주의만 기울이면 됩니다. 이름이 자연스럽게 외워지지 않는다고 해도 다 망한 건 아니에요. 도움이 될 만한 방법이 몇 가지 있습니다.

1. (너무나 당연한 얘기지만)상대의 이름을 처음 들을 때 잘 들으세요. 못 들었으면 다시 말해달라고 부탁해요.

2. 이름을 듣고 나면 "만나서 반가워, 벤"이라거나 "이름 참 좋다. 조이라는 사람은 여태 만나본 적이 없어"라는 식으로 다시 불러줘요.

3. 전에 들어본 적 없는 이름이라 낯설거나 발음하기 어려우면 상대에게 어떻게 쓰는지 철자를 알려달라고 부탁해요. 한참 틀리게 부르다가 지적받아 고치기보다 예의를 갖춰 제대로 아는 편이 낫습니다.

4. 상대의 이름을 어떻게 쓰는지 눈으로 그려보세요. 기억하는 데 도움이 됩니다.

5. 사람과 이름을 연결할 만한 포인트를 생각해요. 이를테면 '앨릭스 데어는 헤어(Hair)가 멋있어'처럼 단어의 음을 맞춘다든지, '아일린(Eileen)은 눈(Eye)이 아이처럼 예뻐'처럼 기억하고 싶은 이름의 머리글자를 따서 기억하는 법이 있어요.

6. 이름을 까먹을까 봐 걱정된다면 대화가 끝난 뒤 그 사람을 만난 때와 장소를 이름과 함께 적어둬요.

7. 위의 방법이 모두 실패하면 상대의 SNS 계정에 접속해 이름이 적혀 있나 봅니다.

8. 그래도 잊어버리면 어떡하죠? 이름을 빼고 에둘러 말할 수도 있지만 분위기가 이상해질 수 있고 언젠가는 꼬리가 잡히기 마련입니다. 그냥 털어놓으세요. "미안해. 우리가 만난 적 있는 거 아는데, 이름을 깜빡했네. 다시 말해줄래?"라고 하세요. 그리고 더는 예전과 똑같이 실수하지 않겠다는 태도를 보여줍니다.

마음을 끌어당기는 최고의 대화법

새로운 사람을 만나기만 하면 그냥 얼어붙어요. 뭐라고 말해야 할지, 대화를 어떻게 시작해야 할지 전혀 모르겠어요. 결국엔 나 자신이 형편없는 사람처럼 느껴져요.

— 매사추세츠에서, 13세 케이틀린

사실 저도 그랬어요. 어떻게 해야 대화가 자연스러워지는지 알아내느라 한참 걸렸어요. 다행히도 그날 운세에 따라 되고 말고 하는 건 아니더군요. 상대의 이름을 정확히 아는 수준까지 왔다면 큰 고비는 일단 넘었어요. 상대와 얼굴을 마주하고 요령 있게 말하기만 하면 돼요. 정말 간단한 요령 하나면 됩니다.

흔히 우리는 다른 사람의 관심을 받으려면 본인이 재미있는 사람이어야 한다고 믿는 실수를 저질러요. 그러면 상황은 둘 중 하나죠. 말을 고르느라 스트레스받은 나머지 머릿속이 텅 빕니다. 아니면 수업 시간에 생긴 일이나 요즘 푹 빠진 드라마 이야기를 쉴 틈 없이 쏟아내고 말아요. 여러분 마음이 끌리는 일이라면 다른 사람들도 비슷할 테니까요.

과연 정말 그럴까요? 데일 카네기는 다음과 같이 딱 잘라 말했어요.

"사람들은 당신에게 관심이 없다. 나에게도 관심이 없다. 자기 자신에게만 관심이 있다."

그렇다고 모두가 자기밖에 모르는 속물이란 말은 아닙니다. 어쨌든 사람은 자기밖에 모르는 존재가 맞아요. 이기심은 타고난 생존 본능에 속하거든요. 물론 인권이나 세계 기아, 기후 변화 문제에 온 정신이 팔려 있다면 좀 더 고상해 보이겠죠. 우리는 그런 일에도 당연히 관심을 둡니다. 하지만 사람은 사는 동안 90퍼센트의 시간에는 자신에게 직접적인 영향이 미칠 문제를 생각합니다. 나쁜 사람이 아니라 그냥 사람다운 거죠.

이런 이야기가 다른 사람들에게 말을 거는 것과 도대체 무슨 상관일까요? 그 말은, 재미있게 이야기하려고 스트레스 받지 않아도 된다는 뜻이에요. 그저 재미있게 '들으면' 된답니다. 저도 이 사실을 일찍 알았더라면 좋았을 거예요. 고등학생 때 잘 모르는 사람과 단둘이 남겨졌던 기억이 떠오르네요. 아니, 그보다 더 안 좋은 기억은 제가 좋아하던 사람과 단둘이 있었던 때예요. 제 말이 지루하다 싶으면 돌처럼 굳고 얼음처럼 얼어붙었죠. 굳이 완벽한 대화를 시작하는 사람이 될 필요는 없었어요.

여러분도 마찬가지입니다. 적절한 말로 대화를 시작하기만 하면 돼요. 상대방이 좋아할 만한 주제, 그러니까 상대방 본인에 관해 물어보세요. 점심시간, 학교 급식실에 줄을 섰는데 평소 친해지고 싶었던 아이가 옆에 서 있다고 가정해 봅시다. 눈을 맞추고 미소 짓기를 실천해 보세요. 그리고 상대가 재미있어하거나 좋아하는 주제로 질문을 던져요. 예, 아니요로 답이 나오는 질문은 피합니다. 생각이나 느낌을 물으며 열린 질문으로 말이 끊기지 않도록 하는 게 중요해요. "과학 선생님 좋아?"라고 묻지 말고 "과학 선생님 어떻게 생각해?"라고 물어보세요.

그렇다고 상대가 끔찍할 만큼 지루하게 횡설수설하는데 재미있는 척하라는 말은 아닙니다. 좋아하는 사람의 입에서 흘러나오는 단어 하나하나에 눈을 깜박이며 맞장구를 쳐주라는 말도 아니에요. 인정과 아부의 차이라고나 할까요. 사람은 자기가 하는 말에 상대가 별 관심이 없으면 바로 알아차립니다. 가짜는 아무도 좋아하지 않는다는 말 기억나죠? 질문하기와 주의해서 듣기를 할 줄 알면 상대가 누구든 대화는 한결 편안하게 흘러갑니다. 대화하고 있는 상대가 생각보다 더 재미있는 사람임을 알게 될 수도 있고요. 다른 사람의 관심사에 장단 맞춘다는 말은, 잘 모르는 사람 옆에 앉아도 말없이 어색한 분위기를 걱정할 일이 훨씬 줄어든다는 뜻이에요. 아이러니하게도 가장 빛나는 대화 상대는 대부분 말이 적으면 적었지, 많지 않습니다.

"그럼 그냥 가만히 앉아서 딴 사람들의 말을 들으면 대화를 잘하게 되나요?"

여러분 중 몇몇은 이렇게 묻고 싶겠죠. 물론 그렇지는 않아요. 듣기는 가만히 앉아 무심코 반응하는 능력이 아니에요. 눈을 깜빡이거나 숨을 쉬는 것과는 다릅니다. 집중이 필요해요. 정신을 딴 데 팔아서 대화의 흐름을 몽땅 놓치는 때가 아주 흔하죠. 자기만의 생각에 빠지거나 상대의 말이 끝나면 뭐라고 말할지 생각하기 일쑤예요. 그러다가 대화가 잠시 끊기면 대화를 이어갈 때 꼭 필요한 것을 놓치고 맙니다. 뒤따라 질문할 기회를 놓쳐요. 상대의 새로운 점을 알게 될 기회도 놓치죠.

관심사를 자세히 기억하는 태도보다 인상 깊은 건 없습니다. 대화의 고수들은 상대방이나 진행 중인 대화 자체에 진심으로 호기심을 품어요. 제대로 듣고 궁금해합시다. 좀 더 알고 싶은 게 뭔가요? 그런 점을 묻고 최선을 다해 답을 기억합시다.

> 학생 때도, 성인이 되어서도, 많은 사람을 만나다 보면 이름과 취미는 어떻고 제일 좋아하는 아이스크림 맛은 뭔지 하나하나 기억하기 어렵죠. 그런데 상대에게 중요한 것이라면 기억하고 싶어요. 그러면 뭔가 달라 보여요. 이 세상에 그렇게 하는 사람은 많지 않거든요. 돋보일 수밖에 없죠.
>
> — 미국 청소년 잡지 《세븐틴》 전 편집장, 어투사 루벤스타인

다른 사람들이 무엇을 중요하고 흥미롭게 여기는지 기억하면 여러모로 도움이 됩니다. 다른 사람들의 기분을 좋게 해주면 나의 기분도 좋아지죠. 더욱이 자기를 좋아하는 사람을 좋아하는 건 사람이 타고난 본성입니다. 그렇기에 내가 상대를 존중하면 나 또한 상대에게 존중받습니다. 상대에게 관심을 보이면 상대의 관심을 불러일으키죠. 그리고 무리에서 단연코 돋보여 새로운 친구를 사귀게 될지도 몰라요!

사람들은 어디서 만날까요?

이미 많은 사람을 알아도 여전히 무언가를, 그보다 더한 무언가를 찾고 있고 있군요. 친구가 아무리 많아도 단 한 명의 진정한 소울메이트를 찾고 있는지도 모르겠어요. 나와 한마음 한몸 같고, 나를 잘 알아줄 사람 말이죠. 그런 사람을 대체 어디서 찾으면 좋을지 알아내는 게 골칫거리랍니다.

저는 아주 작은 학교에 다녀요. 같은 학년 애들 대부분을 유치원 때부터 꽤 잘 알고요. 사람들과 어울리기 좋아하고, 오래된 친구도 있는데 가끔은 또 다른 친구가 있었으면 좋겠어요. 만났을 때 늘 지겹도록 했던 얘기만 하지 않는 애 말이에요.

— 캘리포니아에서, 15세 엘리자베스

학교생활이 힘든 이유 중 하나는 하루에 여덟시간 이상을 누구와 보낼지 내가 직접 고를 수 없다는 사실이에요. 학생 수가 적은 학교라든지 어려서부터 쭉 오랜 기간 살아온 동네에서는 특히 정해진 역할에 갇혔다고 느낄 수 있어요. 혹은 초등학교 1학년 때부터 뒤를 졸졸 따라다니는 무언가에게서 달아날 수 없다는 느낌이 들 수도 있죠. 물론 같은 학교 친구들에게 좀 더 관심을 기울이도록 노력해야겠죠. 주중 대부분의 시간을 함께하니까요. 관심을 가지고 지켜보면 같은 교실에 앉아 있는 친구들을 생각보다 잘 모른다는 사실에 깜짝 놀랄 수도 있어요. 알게 모르게 선입견을 가지고 있었거나 이미 어떤 사람인지 단정 지은 꼬리표를 붙여놨을지도 모르죠.

학교 밖 세상도 잊어서는 안 됩니다. 그곳은 여러분이 알고 싶거나 여러분을 알고 싶어 할 사람들로 가득해요. 그 세상으로 들어가는 건 전혀 고통스럽지 않습니다. 좋아하던 것들을 계속해서 좋아하기만 하면 돼요. 연극에 관심 있나요? 지역 연극 단체 수업에 등록해 보세요. 축구를 좋아한다면 마을의 축구 교실이나 그 지역 학생들이 선수로 뛰는 축구 동아리에 가입하세요. 수업료로 지불할 돈이 없다고요? 마을 도서관이나 주민 센터에 가면 청소년을 위한 예술 강좌나 무료 영화 상영회, 또는 청소년들에게도 어렵지 않은 자원봉사 기회가 있을지도 몰라요. 학교 밖으로 눈을 돌리면 비슷한 취향에 같은 취미를 즐기는 사람들과 마주치게 됩니다. 대화를 시작할 화젯거리가 넘치죠. 이렇게만 해도 마음이 잘 통하는 사람을 만날 가능성이 커집니다.

사람들을 만나 어울릴 수 있는 장소나 모임은 정말 많아요. 조금만 찾아보고 달리 생각하면 됩니다. 관광객의 시선으로 내가 사는 동네를 살피며 돌아다녀 보세요. 생각보다 낯설게 보이는 것이 많을 거예요. 인터넷을 잠깐만 검색해도 그간 모르고 지나쳤던 미술

학원이 눈에 띌지 몰라요. 도자기 공예 수업에 참여해 보면 내 안에 숨은 예술가 기질을 발견하게 될지 모르고요. 덤으로 나라는 사람과 나의 작품을 알아주는 예술가를 알게 될 수도 있죠. 봉사 단체에서 활동하며 남을 먼저 생각하는 마음을 함께 나눌 친구들을 새롭게 만날 수도 있어요. 기회는 끝도 없이 많습니다.

온라인에서도 깊고 의미 있는 우정을 쌓을 기회가 수두룩합니다. 물론 인터넷에는 낯선 사람에 관해 확인되지 않은 루머들이 나돌기도 하죠. 하지만 제일 친한 친구를 온라인에서 만났다는 사람들의 멋진 경험담도 많아요. 우리는 이미 어떤 정보까지만 나눠야 할지를 잘 알아요. 집 주소나 학교, 진짜 이름 같은 신상 정보는 당연히 주지 않죠. 그리고 인터넷에서는 사람들이 자신의 진짜 모습을 숨기기 쉽다는 사실도 알아요. 바로 그 점 덕에 어떤 면에서는 나답게 행동하기가 훨씬 쉬워지기도 해요.

여러분이 텔레비전에서 방영 중인 한 드라마에 푹 빠져 있다고 가정해 봅시다. 주위에는 그 드라마를 즐겨 보는 친구가 아무도 없어요. 하지만 온라인 커뮤니티에서는 드라마 팬픽을 쓰거나, 좋아하는 장면을 캡처해 공유하거나, 다음 회에서 벌어질 일의 추측 글을 쓰는 등 팬심을 과감히 드러내며 활동하는 사람들이 수도 없이 보여요. 손가락질받을까 봐 걱정하지 않아도 되죠.

만약 불안과 우울감 등의 정신 건강이나 부모님의 이혼과 같은 가정사 등 지극히 개인적인 문제로 끙끙 앓고 있다면, 이 역시 온라인에서 비슷한 상황을 겪는 사람들을 만날 수 있어요. 그러면 혼자라는 느낌에서 조금은 벗어날 수 있죠.

온라인에서의 인간관계는 우리가 일상에서 직접 마주하고 소통하며 맺은 사이를 완벽히 대신하지는 못해요. 그래도 나름대로 깊은 사이가 될 수 있습니다. 학교 안에서 매일 보는 사람들 말고도 관계의 폭을 넓히기에 근사한 방법이죠.

온라인 친구를 직접 만나볼 수도 있어요. 물론 안전 수칙을 지켜야죠. 어떻게 해야 좋을지는 여러분도 잘 압니다. 그래도 막상 직접 만나면 온라인에서만큼 마음이 통하지 않을지도 모르니 마음의 준비는 해두세요. 설령 그렇더라도 괜찮습니다. 우정의 의미는 전혀 사라지지 않아요. 서로 직접 만나게 됐을 때, 안전하게 느꼈던 거리는 사라지게 될지언정 더 잘 통해서 평생의 단짝이 될 수도 있어요.

어떻게 될지는 아무도 모른답니다! 그저 안전하고 똑똑하게 여러분의 편을 찾으세요. 여기에도 아까 배운 방법이 그대로 쓰입니다. 컴퓨터 모니터를 뚫고 들어가서 상대에게 미소를 지어줄 수는 없지만, 비슷하게는 할 수 있어요. 상대의 글에 댓글을 달든 작품을 칭찬하든 무엇으로든 진심을 담아 답하고 긍정적으로 소통하세요. 여러분은 할 수 있어요.

나다운 모습을 보여주세요

좋아요! 여러분이 할 수 있는 제일 따뜻한 미소를 지어 보이고, 근사한 대화 기술로 상대에게 좋은 인상을 심었죠. 새 친구를 만날 길을 향해 잘 나아가고 있다는 느낌도 들어요. 이제는 발걸음을 좀 더 과감히 내디딜 때가 되었군요. 마음을 열어 상대에게 여러분을 알려주세요.

> 새로운 사람을 만날 때마다 저 자신을 굉장히 많이 감춘다는 느낌이 들어요. 상대에게 제 본모습의 절반만 알려주죠. 저는 사람들을 믿기가 어렵나 봐요. 경계심을 어떻게 풀어야 할지 도 잘 모르겠어요.
>
> — 캘리포니아에서, 15세 대니엘

우리는 스스로를 조금 이상한 존재로 여기곤 합니다. 다른 사람이 나의 진짜 모습을 알면 비명을 지르며 달아날지 모른다고 생각하죠. 나라는 존재에 대해 평가받고 싶은 사람은 세상에 아무도 없어요. 예전에 한 번이라도 누군가에게 실망하거나 무시당하거나 깎아내려진 적이 있다면 앞으로 나서기가 특히 어려울지도 몰라요. 그런데 스스로를 보호하고자 한 행동이 불행히도 진정한 친구를 사귀는 데는 큰 걸림돌이 될 수 있어요.

나라는 존재에 대해 알 기회도 주지 않으면서 어떻게 상대와 통하기를 바라겠어요? 겁이 날지라도 마음을 열고 꾸밈없는 나 자신을 보이려 노력할수록 상대와의 사이는 끈끈해지고 의미가 커져요.

다른 사람들에게 마음의 문을 닫는다는 것은 스스로의 모습이 편히 느껴지지 않는다는 말입니다. 그러니까 여러분이 마음에 벽을 세웠다면 자신의 어떤 모습이 그렇게 부끄럽고 자신 없어 숨기려 하는 것인지를 스스로에게 물어야 할 때일지도 몰라요. 사실 여러분의 생각만큼 마음의 벽이 필요하지는 않을 수 있어요. 게임을 너무 좋아하는 내 모습에 짝사랑하는 상대가 실망할까 봐 걱정되나요? 쇼핑에 그리 흥미가 없어 새로 사귄 패셔니스타 친구와 멀어질까 봐 신경 쓰이나요?

너무 걱정하지 마세요. 그들은 이미 여러분을 좋아하기 때문에 여러분과 친구가 됐어요. 즉, 사람들이 여러분의 별난 점을 좋아할 수도 있다는 말이죠. 그 별난 점이 여러분을 재미있고 독특한 사람으로 만들어줍니다. 어쩌면 여러분이 솔직하고 인간적이라 전보다 더 좋아질지도 모르죠. 솔직히 말해서 '완벽한' 사람과 친구가 된다는 건 끔찍한 일이에요. 그 앞에서 얼마나 주눅이 들지 상상이 가나요? 여러분의 별난 점을 좋아하고 반겨줄 사람들을 찾아봅시다.

누구에게나 다른 사람과 있는 그대로 공유하기에 약간은 껄끄러운 부분이 있어요. 마음의 벽을 허물기가 두려울 수 있죠. 더구나 예전에 나쁜 경험이 있어서 오랫동안 마음의 벽을 쌓아왔다면 특히 그렇습니다. 그런데 생각과 기분, 관심사를 친구와 꼭 나눌 필요는 없어요. 다 맞장구칠 필요도 없고요. 가장 나다운 모습을 보여주세요. 사람들은 자신이 좋아하는 것이나 자기 모습을 진심으로 받아들이는 사람을 훨씬 더 존중하기 마련입니다. 그들도 여러분과 함께하며 자기 자신다워서 편안하다고 느끼죠. 서로 마음을 열고 솔직할수록 서로에게서 더 많이 배우고 자극을 주며 가까워질 수 있어요.

물론 나의 약점까지도 보여야 해서 불편할 수 있지만 그 대가는 아주 값집니다. 친구 사이가 전보다 깊어지고 든든해지거든요. 게다가 여러분도 다양한 생각에 마음을 열며 전보다 더 나은 사람이 됩니다. 여러분을 있는 그대로 좋아할 기회를 주세요. 그러면 그냥 알고 지내던 사이도 친구 사이로 발전할 수 있습니다. 이래도 도전할 가치가 없다면 삶의 가치를 찾기란 쉽지 않죠.

:: 나의 지금 모습 살피기 ::

♥ 사람 사귀기를 실험해 봅시다. 일주일 동안 가능한 한 여러 사람에게 자주 미소 지어보세요. 평소 가깝게 지내지 않는 사람에게 미소 지을 수록 보너스 점수가 생깁니다. 이를테면 학교 복도에서 마주쳐도 인사하지 않던 아이들이나 선생님, 급식실 영양사 분에게 말이죠. 좀 더 용기를 낸다면 관심이 있지만 아직 제대로 말 걸어보지 못한 사람도 좋은 대상이 됩니다. 결과를 적어보세요. 상대도 여러분의 미소에 화답했나요? 어떤 식으로든 대화가 통했나요? 이 책에 나온 방법으로 대화를 계속할 수 있던가요? 이후 다시 마주쳤을 때 서로 아는 척했나요? 일주일이 지나니 어떤 기분이 들던가요?

♥ 학교 밖 활동을 찾아보세요. 동네 무료 급식 센터에서 봉사활동을 하거나, 원데이 클래스에 등록하거나, 아르바이트를 구할 수도 있어요. 여러분이 정말 흥미를 느끼는 일이면 됩니다. 그리고 다음 질문들의 답을 적어보세요. 새로운 환경에 있어보니 어땠나요? 이번 장에서 배운 방법들로 새로운 사람들과 어색한 분위기를 깰 수 있던가요? 그들에게 첫인상을 잘 심어줬다고 생각하나요? 아니면 평소와 다른 인상을 남겼다고 느끼나요? 친구가 될 만한 사람을 만났나요? 그 사람과의 관계를 어떻게 이어갈 수 있을까요?

♥ 전보다 더 친하게 지내고 싶은 사람을 한 명 고르세요. 같이 어울릴 기회가 생겼을 때, 평소 마음에 담아둔 이야기를 상대에게 털어놓아 보세요. 아주 사소한 일도 좋습니다. 실은 최신 가요에 거부감이 있다든지, 남몰래 미친 듯이 좋아하는 유튜버가 있다고 이야기하는 식

으로요. 아니면 불안이나 고민처럼 좀 더 심각한 문제도 괜찮아요. 새로 사귄 친구가 어떻게 반응하나요? 색안경을 끼고 보던가요, 아니면 이해해 주던가요? 상대도 속마음을 털어놓을 만큼 자극됐나요? 이후 기분이 어땠나요? 고민을 털어놓으니 홀가분했나요? 이제 더 친해졌다고 생각하나요

정리하는 말

낯선 환경에서는 누구나 긴장합니다. 그러나 미소를 지으면(설령 억지 미소에 가까울지라도) 자신감이 오르고, 대하기 훨씬 편한 사람이라는 인상을 줄 수 있죠. 가짜 미소도 짓기 어려울 만큼 애를 먹는 수준이라면, 정신 건강 문제로 어려움을 겪는 중일 수 있어요. 이럴 때는 주위 어른들과 상의해 치료받도록 합시다. 그리고 새로이 누군가를 알게 되면 상대의 이름을 기억 속에 확실히 심어둡니다.

마음을 편히 먹어요! 이제 상대에게 진심으로 관심을 보이며 질문하고, 그 사람이 하는 말을 귀담아듣고, 질문을 제대로 이어가기만 하면 됩니다. 그러면 새로운 친구를 사귀거나 원래 알던 친구와의 관계가 깊어질 거예요. 학교 또는 온라인상에서의 기회도 알아보고, 친구 맺기의 폭을 넓혀요. 우정이 양쪽에 잘 통할 수 있도록 챙깁시다. 즉, 여러분도 상대에게 마음을 열고 여러분이 어떤 사람인지 알려주세요.

How to Win Friends and Influence People for Teen Girls

4장

상대의 관심사에 집중하세요

다른 사람이 뭔가를 하게 만들 방법은
세상에 단 하나뿐이다.
그 사람이 하고 싶게 만들면 된다.

• 데일 카네기 •

모든 행동에는 동기가 있어요

✦

뻔한 이야기는 시작부터 거르고 넘어갑시다. 누구에게나 종종 필요하거나 원하는 것이 생겨 다른 사람들에게 이것저것 요청해야 할 때가 있죠. 도와달라, 부탁 좀 들어달라, 같이 해달라, 돈 좀 달라, 응원해 달라 등등. 무엇이 필요한가에 따라 설득이 좀 필요하겠네요. 상대방을 움직이려면 어떻게 설득해야 할까요? 아니, 그래도 괜찮은 걸까요? 상대에게 맘대로 이래라저래라 하는 건 아닌가요?

사람의 본성에 관해 3장에서 나눴던 이야기를 다시 떠올려 봅시다. 대화 부분에서 사람들은 자기 자신과 관련된 이야기를 좋아한다는 말 기억나요? 여기도 그와 비슷합니다. 우리가 태어나서 지금껏 다양하게 해온 일은 다 무엇인가를 원했기 때문이었다는 거죠. 냉정하게 하는 말이 아니라, 그건 그저 사람이 움직이는 방식일 뿐입니다.

사람은 자기 자신을 돌보면서 다른 사람들에게도 마음을 쓸 수 있어요. 사실 자신의 욕구를 뒤로 미루는 일이 없도록 살피는 건 굉장히 중요합니다. 그렇다고 해서 인간이 태생적으로 악하고 이기적이라는 뜻은 아니에요. 다만 사람의 머릿속에는 기본적으로 자기 욕구가 강하게 자리 잡고 있어서 무엇인가를 할지 말지 정할 때가 되면 그 욕구에 충실해진다는 말이죠.

이에 반대하는 주장을 벌써 들고나왔군요. 인류애가 있지 않으냐고요? 자기보다 남을 생각하는 마음이나 아무런 보상을 바라지 않고 남에게 이것저것 베푸는 행동도 있다고요? 봉사활동에 들인 시간은 다 뭐냐고요? 이렇게 아우성치는 소리가 들리는 듯하네요. 여러분이 좋은 뜻으로 봉사하거나 고생하는 식구를 도우려고 착한 일을 하는 데 시간을 썼음에도 이기적이라고 말할 사람은 아무도 없어요. 다만 이런 일들은 남을 위하는 것이기도 하지만 실은 자기 자신의 기분도 좋게 하는 일이라는 겁니다.

결국은 여러분이 '공감'할 줄 안다는 뜻이죠. 상대에게 진심으로 공감하면 상대가 필요로 하거나 관심을 두는 것도 나의 일로 느껴집니다. 굶주리는 이웃을 보면 안쓰러운 마음이 들어요. 그 사람들의 처지를 내 일처럼 받아들이고 동네 무료 급식소에서 봉사활동을 하죠. 그러면 만족감을 느끼게 됩니다. 그리고 솔직히 말하자면 이렇게 봉사활동에 들인 시간은 대학 입시에도 유리하게 이용할 수 있어 좋기도 하잖아요.

그러니까 모든 행동에는 어떤 식이든 동기가 있기 마련입니다. 사람이라면 당연한 일이죠. 그리고 이런 행동들이 모여 타인을 대할 때 또 하나의 도구가 됩니다. 여러분이 원하거나 필요한 것이 여러분의 행동을 이끌듯 다른 사람들이 원하거나 필요한 것도 그들의 행동을 이끕니다. 여러분의 어머니나 절친한 친구, 동생, 심지어 다정하고 멋진 할머니조차 그렇단 말이죠. 여기서 알게 되는 건, 상대가 무엇인가 해주기를 원한다면 그 일을 스스로 하고 싶게 만들 방법을 찾아야 한다는 점입니다. 각자 자신이 필요한 것에만 몰두하다 보면 이 점을 잊을 때가 있어요.

고생이란 고생은 다 해서 운전면허증을 땄건만 부모님은 제가 절대로 차를 몰지 못하게 해요. 너무 불공평하다고 따졌죠. 친구들은 어디로든 마음대로 운전한단 말이에요! 제가 더는 어린애가 아니라는 걸 부모님도 알아주셔야죠. 무조건 안 된다고만 하시는 것 같아요.

— 텍사스에서, 17세 버네사

육상 코치 선생님은 현실감각이 전혀 없어요. 스포츠가 제 인생의 전부라고 생각하시나 봐요. 중요한 숙제를 끝내야 해서 육상 연습을 두어 번 빠져야겠다고 말씀드린 적이 있어요. 그랬더니 펄쩍 뛰면서 연습을 빠지면 팀에서 쫓아내겠다고 하셨죠. 결국 숙제도 계획만큼 하지 못했어요. 달리기를 정말 좋아하지만 지금은 육상을 그만둬야 할지 고민하고 있어요.

— 캘리포니아에서, 15세 레베카

위의 두 사례에서 어떤 잘못이 보이나요? 두 사람은 누구도 본인이 설득하려는 사람에게 무엇이 필요한지는 생각하지 않아요. 버네사의 부모님이 "불공평해요"나 "친구들은 다 해요"라는 말에 과연 조금이라도 마음이 흔들렸을까요? 아뇨, 오히려 불평으로 들렸겠죠. 레베카는 숙제할 시간을 요구하는 게 마땅하더라도 그것이 왜 팀 활동에 방해가 안 되는지는 코치에게 밝히지 않았어요. 이제 여러분은 상대를 설득할 방법을 알았죠? 이 두 사람이 목적을 이루려면 태도를 어떻게 바꿔야 할지 그 방법들을 살펴봅시다.

상대의 입장을 먼저 이해해요

누군가를 설득해야 할 때, 잠시 나의 목표를 잊고 '어떻게 하면 저 사람에게도 이로울 수 있을까? 저 사람이 원하거나 필요한 것은 무엇일까?'라고 마음속으로 물읍시다. 1장에서 배운 대로 비판이나 비난, 불평하는 행동은 꼭 피하기로 해요. 그런 행동으로는 필요한 결과를 얻지 못합니다. 왜냐고요? 사람은 공격받으면 자존심을 강하게 내세우며 스스로를 변호하려고 하니까요. 상대의 의견이 옳다 느껴도 받아들이려 하지 않습니다.

감정이 섞여 격해진 문제를 다룰 때면 언제든 이 비결을 기억하세요. 다시 버네사의 예를 봅시다. 버네사는 곧장 부모님이 불공평하다며 불평부터 시작했죠. 그 주장은 부모님의 마음을 조금도 움직이지 못했을 테고요. 아마 지금 이 순간에도 운전하게 해달라고 부모님을 조르고 있을 거예요. 운전할 이유가 아무리 마땅하다 해도 부모님을 '불공평'하다고 몰아붙이면 부모님은 계속해서 밀어내시겠죠.

만약 버네사가 이렇게 대화를 시작했다면 어땠을까요?

"제가 운전하면 불안하실 거 알아요. 그런데 이제 저는 전보다 좀 더 책임질 수 있는 준비가 됐다고 생각해요. 일단은 저 혼자 운전 연습부터 시작하면 어때요? 그러면 저도 경험을 쌓을 수 있고,

엄마 아빠도 저를 데리러 오는 대신 자유롭게 시간을 쓰실 수 있을 걸요."

부모님의 걱정거리를 짚어내며 대화를 시작합니다. 그러면서 부모님이 얻게 될 여러 이득도 설명해요. 어쩌면 부모님의 가장 큰 걱정거리는 버네사가 밤에 운전하거나 친구들을 차에 태울 일이겠죠. 학교 수업을 마친 뒤 몇 시간 정도 연습 삼아 차를 쓰는 건 괜찮다고 생각하실 수도 있어요. 버네사가 안전하기를 바라지만 본인들의 시간 여유도 원하실 테고요.

이렇게 부모님이 원하는 것을 먼저 이야기하면 생각보다 쉽게 운전을 허락하실 수도 있어요. 공격적으로 부탁부터 시작하면 절대 얻을 수 없는 결과죠. 곧장 자동차 키를 내주지 않으셔도 버네사는 자신의 목표에 한 걸음 가까이 다가가게 됩니다.

하려는 일과 잘 맞는 사람을 골랐는지도 제대로 살펴봐야 해요. 학교 동아리 가입 조건에 맞춰 봉사활동 시간이 필요한 상황을 예로 들어봅시다. 지역 동물 보호소에서 봉사하고 싶지만 혼자 가기 싫다면, 어떤 친구를 고르느냐에 따라 부탁하기가 아주 쉬울 수도 있고 거의 불가능에 가까울 수도 있습니다. 고양이 알레르기가 있는 친구라면 같이 가자고 설득하기가 무척 어렵겠죠. 어차피 절대로 부탁하지도 말아야 하고요.

여러분이 원하거나 필요한 것에 걸맞는 사람을 제대로 고르면 상대를 설득하기 수월해 여러분에게 좋을 뿐만 아니라 여러분이 부탁하는 상대에게도 좋습니다. 거절로 난처해하지 않아도 되고 친구 사이가 더욱 돈독해질 기회도 생기니까요. 주변에는 강아지를 너무도 사랑하는 친구가 한 명쯤은 있어요. 그땐 그 친구를 꼭 고르도록 합시다.

내가 내키지 않으면 남도 내키지 않아요

상대가 무엇인가를 하도록 만들려는데 나와 뜻이 다르다는 걸 이미 안다면 나의 의견을 자신 있게 말하는 것이 어려울 수도 있습니다. 본능적으로 스스로를 보호하며 대화를 시작하기 쉽죠. 그 일이 왜 근사한지 열을 올리며 칭찬하기보다는 전체 상황을 축소하며 말하게 됩니다. 여러분이 먼저 그럴싸하게 분위기를 띄워 말하지 않으면 여러분의 제안에 순순히 응해줄 사람은 아무도 없어요. 하지만 열정은 옳습니다. 그러니 여러분에게 도움이 되는 쪽으로 활용해 보세요! 무엇인가에 열정적인 모습을 보이면 상대가 얻게 될 이익이 그리 분명하지 않을 때 특히 도움이 됩니다. 다음 상황을 생각해 보세요.

★ 여러분에게는 세상 그 누구보다 친한 친구가 있어요. 그 친구는 만화와 애니메이션에 빠져 있는데, 그런 건 여러분 취향이 아니에요 (물론 애니메이션 마니아일 수도 있겠지만 일단은 그냥 그렇다고 칩시다). 또 다른 친구가 그 친구와 함께 지역 만화 축제에 가기로 했다가 막판에 발을 뺐어요. 친구는 절대 혼자 가고 싶지 않아 하네요. 여러분을 설득하기 어렵다는 건 알죠. 그런데 친구는 여러분이 승마와 그림, 영화를 무척 좋아한다는 사실도 알아요. 친구에게는 다음과 같은 두 가지 답안이 있습니다.

1. "이런 행사를 싫어하는 거 잘 알아. 아마도 하루 종일 힘들어하겠지. 그런데 부모님이 날 혼자는 안 보내주셔. 솔직히 행사 내내 혼자 있고 싶지도 않고. 하루가 엄청나게 길 거야. 오전 10시부터 저녁 9시까지거든. 그래도 나랑 같이 가주면 좋겠어. 제발!"

2. "이번 만화 축제를 생각하면 정말 신나. 다들 그러는데 작년보다 프로그램 구성도 더 낫대. 그 유명한 만화가도 온다더라. 요즘 방송 프로그램마다 무대 디자인을 모조리 도맡는다는 사람이잖아. 그리고 영화에 나오는 말들한테 묘기를 가르치는 훈련사 팀도 온대. 최근에 나온 마블 영화도 저녁에 무료로 상영한다 하고. 개봉했을 때 네가 못 본 영화 말이야. 너도 같이 가면 정말 재미있을 거야. 싫으면 언제든 일찍 나와도 돼."

둘 중 하나가 다른 답보다 효과가 훨씬 더 클 수밖에 없습니다.

친구가 여러분의 관심사와 연결 지어 분위기를 근사하게 띄우면 훨씬 더 그럴싸할 거예요. 흥분한 듯한 태도도 설득하는 데 한몫하죠. 어때요? 친구와 함께 갈 건가요? 만약 그렇다면 설득당해서 기분이 씁쓸할까요? 다른 상황을 두고도 생각해 보죠.

★ 친구에게 콘서트 티켓이 두 장 있고, 여러분과 함께 가기를 너무나도 바라는 상황이에요. 하지만 여러분이 좋아하는 밴드가 아니군요. 여러분은 사람이 많은 장소도 싫어요. 어떻게 해야 여러분이 움직일까요?

1. "그래, 이 밴드를 좋아하지 않는다는 거 알아. 아마 이 콘서트를 스스로 선택해 갈 일은 전혀 없겠지. 나한테 티켓이 두 장 있는데, 좌석은 무대에서 아주 멀어. 나 혼자 가거나 엄마랑 같이 가면 너무 지루할 거야. 나 좀 도와주라."

2. "이 밴드의 음악을 나만큼은 안 좋아한다는 거 알아. 그런데 콘서트에서는 네가 정말 좋아할 만한 댄스 공연이 많아. 내가 가진 티켓은 뒤쪽 스탠딩 좌석이라 무대 앞쪽보다 훨씬 더 조용하대. 넌 사람 몰리는 거 싫어하잖아. 콘서트 끝나고 우리 집에서 자고 가도 돼. 우리 아빠가 다음 날 근사한 브런치를 차려준댔어. 프렌치토스트 좋아하잖아. 우리 아빠가 그걸 끝내주게 잘 만들거든. 어때?"

그 콘서트가 평소 여러분 취향이 아닐지라도 둘째 답안은 최소한 여러분이 무엇을 좋아하고, 또 무엇이 필요한지를 신경 썼어요. 여러분이 '뭐, 나빠봤자지. 색다른 경험이긴 하겠다'라고 말할 가능성이 훨씬 커지죠. 부탁하는 친구만큼 열을 올리지는 않아도 말이에요. 이렇듯 분위기를 띄우고 상대가 필요한 게 뭔지 생각해 보면 상황은 달라져요.

미리 예상하고 준비해요

사실 열정도 배려도 도움이 안 될 때가 있습니다. 그래도 내가 무엇을 원하는지, 어떻게 하면 상대방도 함께 원하게 할 수 있을지를 안다면 나의 생각대로 상대를 설득할 수 있어요. 그래도 상대는 나의 생각에 반대하는 이유를 늘어놓기 시작할 거예요. 그러면 여러분은 갈팡질팡하면서 원래의 목표를 잊고 말겠죠. 이때 유일한 해결 방법은 여러분 앞에 밑도 끝도 없이 쏟아질 반대에 철저히 준비하는 것입니다. 어떻게 준비해야 제일 좋을까요?

제일 쉽게 할 수 있는 일은 종이와 펜을 들고 앉아서 목록을 작성하는 거예요. 자신이 무엇을, 왜 원하는지부터 시작해요. 그다음으로 상대가 반대할 만한 점을 대충 써봅니다. 그 점을 무너뜨릴 논리는 무엇이 있는지, 여러분에게 필요한 일을 (혹시라도) 상대 또한 원할 법한 이유가 있을지도 적습니다. 여러분의 생각이나 계획을 뒷받침할 목록을 작성해 두면 실제 이야기를 나눌 때 유용한 도구가 되어 상대에게 여러분의 주장을 명확하게 전달할 수 있죠. 메모를 손에 들고 있는 게 너무 어색하다면 적어도 요점만큼은 빠짐없이 생생하게 기억해 둡시다.

레베카가 육상 코치와 갈등을 겪은 상황이야말로 목록을 (종이든 머릿속이든) 준비했다면 도움이 됐을 사례로 딱 맞는군요. 레베카는 훈련 일정에 여유가 필요해요. 하지만 그 이야기를 꺼내면 코치가 심하게 반대하리란 걸 압니다. 그뿐만이 아니죠. 코치는 위협적일 만큼 권력과 권한이 있는 존재라서 직접 맞부딪치기 어려울 수 있어요. 레베카는 코치에게 지시받는 데 익숙해 무언가 건의하고 조율하는 상황이 애초부터 좀 어색합니다. 하지만 숙제할 시간이 필요하다는 요구는 마땅한 데다 학생이자 육상선수로 성공하는 데도 중요해요. 코치에게 그 점을 설득해야 할 필요가 있어요. 레베카의 목록은 다음과 같겠죠.

★ 원하는 것: **여유로운 연습 일정.**

★ 원하는 이유: **중요한 과제에 집중하고 학업 성적을 유지하기 위해서.**

★ 육상 코치가 반대할 만한 점:

1. 훈련에 빠지면 기초 체력까지 떨어질 수 있다.

2. 팀원들과 함께 연습해야 단합을 유지할 수 있어서 중요하다. 운동에 얼마나 진심인지도 보여야 한다.

3. 누구나 언제든 훈련을 빠질 수 있도록 한다면 팀의 꼴이 어떻게 되겠는가?

★ 코치의 반대에 맞서 주장할 점:

1. 훈련에 빠지는 날에도 혼자 운동해서 감을 잃지 않을 수 있다. 훈련장에 오가는 시간을 절약하면 공부에 집중할 수 있다.

2. 훈련에 빠지는 횟수를 매달 한 번으로 제한하면 팀 단합에 해가 되지 않는다. 이것만으로 코치를 설득할 수 없다면 운동에 얼마나 진심으로 애쓰고 있는지 보여준다. 훈련에 빠진 다음 날, 팀을 위해 허들이나 다른 운동기구를 정리할 수도 있다.

3. 늦게까지 숙제하면 피곤하고 스트레스도 받는다. 그러면 훈련에 안 빠져도 실력이 늘기 어렵다.

4. 어떤 말로도 설득이 어렵다면 다음과 같이 설명한다. 달리기를 아주 좋아하지만, 언젠가 운동과 학업 사이에서 골라야 한다면 학업을 고를 수밖에 없다. 그러면 코치는 선수 한 명을 잃게 되고, 이 싸움의 승자는 아무도 없다.

아주 그럴듯한 주장이죠? 그 계획이 왜 자신과 코치에게 다 좋은지 요점을 집어 설명했어요. 이러면 코치가 요청을 거절하기 어렵죠. 게다가 코치와 이야기하며 크게 스트레스받기 전, 자신의 처지를 어떻게 하면 설득력 있게 전달할지 생각할 기회도 생겨요. 물론 하면 안 되는 말도 있어요. 예를 들어, 약속을 지키지 못할 줄 알면서도 연습에 빠지는 횟수를 한 달에 한 번으로 제한하거나 매번 운동기구를 정리하겠다는 등 무책임한 말을 하면 안 돼요.

미리 계획하는 목적은 결국 누구에게나 득이 되는 여건을 마련하는 데 있답니다. 이런 목록이 있으면 나중에 무슨 일이든 서로 조율해야 할 상황에 뛰어들 자신이 생겨요. 양쪽 모두 목적을 이루어 행복해지죠.

광고에서 배울 수 있는 것

설득을 이야기하는 김에 전문가들에게도 한 수 배워봅시다. 상품을 시장에 광고하는 마케팅 전문가들에게서 말이죠. 광고의 목적은 사람들이 무언가를 원하게 하는 데 있어요. 방법은 이 책에서 살핀 내용과 같지만, 범위는 한두 사람이 아닌 대중의 마음으로 크게 넓어집니다.

평소에 접하는 스마트폰 광고를 떠올려 보세요. 회사가 원하는 것(여러분이 새 스마트폰의 기기 값과 통신 요금에 엄청난 돈을 쏟아붓는 것)에 초점이 맞춰졌나요? 아니죠. 여러분이 뭘 원하는지를 콕 집어 내요. 근사한 사람들이 바닷가에서 즐거운 표정으로 셀카 찍는 모습을 보여주죠. 좀비처럼 스마트폰을 쳐다보고 깨진 화면에 손가락을 쓱 베이는 게 아니라, 친구들과 어울려 번쩍번쩍 빛나는 스마트폰을 자랑하며 아주 환한 웃음을 띤 채 뛰어다닌다고요!

또 반값 할인이나 통신료 할인 이벤트 등을 통해 새 스마트폰을 사는 것이 돈 낭비라는 생각에서 역으로 사지 않으면 손해라는 생각이 들게 만들죠. 그러니까 사람을 단체로 설득해야 할 상황에 놓이면 앞서 배운 요령에 따르면 돼요. 여러분의 상황에 맞춰 주장하는 내용만 적절하게 바꾸면 됩니다.

저는 학생 때 걸스카우트로 활동했는데, 해마다 치르는 사탕 판매 행사를 두려워했어요. 집집마다 끊임없이 찾아가서 이웃들을 괴롭히는 일로 느껴졌죠. 제게서 박하사탕을 사던 사람들은 그저 친절을 베푼 것이지 사탕이 정말 먹고 싶었던 게 아니었어요. 아마 제 생각이 맞았을 거예요. 왜냐고요? 그 사람들이 사탕을 원할 구실을 안 줬으니까요.

그러던 어느 해, 비 오던 밸런타인데이에 상황이 싹 바뀌었죠. 마침 공항에 있었고, 폭우에 옴짝달싹 하지 못하던 때였어요. 현명한 우리 엄마가 사탕 상자들에 리본을 묶자고 했죠. 포장지에는 기존의 '걸스카우트 사탕'이라는 문구 대신에 '밸런타인데이 선물이 필요하세요? 걸스카우트 사탕 한 상자 골라 가세요'라고 바꾸면 어떻겠냐고 하셨고요.

10분쯤 지났을까, 예쁘게 포장된 상자를 너도나도 집으려고 손님들이 줄지어 기다렸어요. 한 시간도 채 안 돼서 다 팔았죠. 공항 안에 붙들려 있던 사람들은 자기들이 먹을 사탕에는 별 관심이 없었지만 사랑하는 사람에게 줄 선물을 원했던 거예요.

미국의 청소년 인플루언서 자매 브루클린과 베일리 맥나이트는 유튜브 채널로 성공하려면 구독자들의 필요에 반응하는 일이 핵심이라는 사실을 일찌감치 깨달았어요. 사실 유튜브를 시작해야겠다는 생각도 구독자들의 관심에서 시작됐죠. 자매는 겨우 아홉 살일 때 엄마의 유튜브 채널에 나오기 시작했어요. 엄마가 찍어 올린 학습 영상에 모델로 자주 나왔거든요. 사람들이 자연스럽게 호기심을 보였고 계속해서 질문했죠. 그러다 열세 살이 되면서 자기들만의 유튜브 채널을 시작하기로 결정했어요. 자매는 그때부터 꾸준히 구독자들의 의견에 귀 기울이고, 구독자가 원하는 영상을 만들었답니다. 그러면서도 꾸밈없이 본모습에 충실했고요.

이제 스무 살이 된 맥나이트 자매는 대학에서 경영학을 공부하는 새내기입니다. 브루클린과 베일리의 유튜브는 그 가치가 55억

원 이상으로 평가되고, 구독자 수는 650만 명이 넘어요. 이들은 유튜브 외에 여러 사업과 자선 활동도 펼치고 있죠. 팬들은 자매의 눈 화장법을 자주 물어봤어요. 그래서 이들은 직접 마스카라 제품을 개발해 시장에 내놓기도 했어요. 자신들의 이름을 붙인 액세서리도 판매하고 유명한 브랜드와 협업하기도 하고요. 음반 사업에도 발을 들였어요. 미국의 유명 일간지 《포브스》가 선정한 인플루언서 명단에도 이름을 올렸죠. 브루클린과 베일리 자매는 팬들의 목소리에 귀 기울이며 콘텐츠에 담긴 메시지를 바꿔갔어요. 다른 유튜브 스타들처럼 자신들의 유튜브 채널을 사업으로 성공시켰고요. 핵심은 구독자의 마음을 우선적으로 생각했다는 점이죠.

모두에게 득이 되는 협상

결국 이건 다 심리 조종이 아니냐고요? 앞서 나온 협상의 기술을 여학생들과 이야기할 때면 '조종'이라는 반응이 많이 나와요. 데일 카네기는 그런 뜻으로 말하지 않았어요. 그는 다음과 같이 설명했죠.

"상대의 관점을 살펴 열렬한 욕구를 불러일으키는 행위는, 당신만 이익을 얻고 상대가 손해를 보도록 상대를 조종하는 행위로 보면 안 된다. 협상에서는 모든 당사자가 얻는 게 있다."

즉, 서로 머리를 맞대 뜻을 맞추면 그 일에 얽힌 모든 이의 상황이 전보다 나아진다는 뜻입니다. 겁을 주거나 따돌리고, 죄책감을 불러일으키거나 여러분의 이익만 좇으며 행동하도록 상대방을 몰아세우는 것과는 다르죠. 레베카와 육상 코치의 사례를 다시 생각해 보세요. 협상이 성공한다면 레베카는 숙제를 하는 데 필요한 시간을 벌 수 있어요. 또한 코치도 숙제 후 휴식으로 집중력과 효율이 높아져 더 노력할 준비가 된 선수를 맞이할 수 있습니다. 양쪽 모두에 이득이죠. 아직도 잘 모르겠다고요? 분명해지길 바라며, 퀴즈를 또 풀어봅시다.

---

quiz

조별 과제를 하는데 조원 한 명이 자기 몫을 안 해요. 힘을 보태게 하려면 어떻게 협상해야 할까요?

방법 1 미술 감각이 대단한 조원이더군요. 여러분은 정보 수집을 맡는 대신, 그 조원에게 삽화와 도표를 그려달라고 부탁합니다. 각자 제일 잘하는 분야를 맡아서 함께 높은 점수를 얻어요.

방법 2 선생님께 그 조원이 과제에서 맡은(혹은 부족한) 역할을 알려요. 그 조원은 빵점을 받고 나머지 조원들은 좋은 점수를 받아요.

모의 UN 총회에 참석하고 싶지만 하필 일이 가장 바쁜 주말에 일정이 잡혀서 아르바이트 관리자가 근무 시간을 옮겨주지 않을 것 같아요. 어떻게 해야 좋을까요?

방법 1 관리자가 꺼내 들 반대 이유의 목록과 해결법을 미리 마련해 둬요. 경선이 있는 날 일하지 않는 대신에 2주간 일요일 근무(아무도 원하지 않는 일)를 서겠다고 해요.

방법 2 다른 아르바이트생과 조용히 근무를 바꾸고 관리자에게 알리지 않아요. 관리자가 알게 되면, 평생에 다시없을 기회라 만일 경선에 못 가게 되면 모든 걸 관두고 싶어질 거라고 말해요.

사귀는 사람이 교내 댄스파티라면 질색하지만, 여러분은 댄스파티에 꼭 같이 가고 싶어요. 어떻게 설득할까요?

방법 1 그 사람이 좋아하는 옆 학교 밴드부가 댄스파티에서 연주한다고 알려줘요. 좋아하는 맛집의 음식도 공짜로 나온다고 알립니다. 옷차림을 봐주고, 정말로 행사가 마음에 들지 않으면 한 시간 뒤에 자리를 뜨겠다고 약속해요.

방법 2 혼자 가서 친구들과 즐겁게 시간을 보내겠다고 하고서 3일간 문자 메시지를 무시해요.

위의 방법 2를 한 번이라도 골랐다면, 여러분은 데일 카네기의 원칙 중 '상호 이득' 부분을 잊은 겁니다. 마지막 상황에서는 3일간 침묵하는 식만 아니었어도 통할 뻔했네요. 양쪽이 이기면 협상이지만, 여러분만 이익을 본다면 심리 조종입니다. 잘 모르겠으면 여러분이 정확히 무엇을 제안하는지 속으로 물어보세요. 대답에 '않으려고'가 포함되어 있다면('선생님과 갈등을 겪지 않으려고'처럼) 동기를 다시 생각해 볼 때입니다.

다른 사람이 여러분에게 제안할 때도 마찬가지입니다. 결정을 내리고 나서 기분이 좋을 것 같지 않으면 본능을 믿으세요. 누군가 여러분을 조종하려는 겁니다. 그런 상황에 놓였다면 방법은 두 가지예요. 솔직하게 말하거나 거리를 둡니다. 선택은 여러분 몫이에요. 그리고 상대가 누구냐에 따라 다르겠죠. 가장 친한 친구라면 대화를 나눌 때겠지만, 쉽지는 않을 거예요. 그래도 결과적으로 전보다 더 두텁고 믿음직한 사이가 됩니다. 잘 모르는 사이라면 그 사람을 피하는 것이 차라리 나을지도 몰라요. 아니면 그 심리 조종 전술에 대비하고 나서 모든 만남에 응하든지요. 자기 보호에 죄책감을 느끼지 마세요. 그만 한 보호는 받을 만해요.

안전하고 보호받는다는 느낌, 그리고 다른 사람의 욕구와 필요를 향한 존중은 연애하는 사이에서 제일 중요합니다. 누군가와 만날 때 사람의 약점이 가장 잘 드러나죠. 여러분이 스킨십에 관심이 전혀 없을 수도 있어요. 스킨십이 두렵거나 아니면 스킨십에 대해 자신이 어떤 생각을 품었는지 전혀 모를 수도 있고요. 어떤 경우든 다 괜찮습니다. 핵심은 서로가 느끼는 욕구와 필요가 완전히 일치하고, 확실한 소통이 이루어져야 한다는 거예요.

스킨십에 관심이 있나요? 상대도 그런가요? 어느 정도 선까지 가능한가요? 상대와 이런 점을 살필 때 구체적이고 정확한 단어를 쓰지 않고 에두르는 방법은 없어요. 당장 상황이 어색하다고 해서 이런 문제를 돌려 말하며 상대도 나와 같은 생각이기만을 바랄 수는 없습니다.

물론 싫다고 답해도 괜찮습니다. 서로 가까워지는 방법은 얼마든지 있어요. 솔직히 얘기를 나누면 애정은 한층 깊어질 겁니다. 그럼에도 상대가 계속해서 여러분을 설득하려고 한다면 어마어마한 빨간불입니다. 여러분이 하고 싶지 않은 걸 연애 상대가 강요해서 스트레스받는 일은 절대로 없어야 합니다. 여러분도 상대가 정한 선을 절대로 넘어서는 안 되고요. 나를 원하지 않나? 내가 매력이 없나? 내 행동 때문인가? 이렇게 생각하며 자기 잘못으로 받아들이기 쉽죠. 그래도 본인만의 생각에서 빠져나와 다른 사람의 눈으로 상황을 보라는 말을 기억하세요.

원치 않는 스킨십 문제로 스트레스를 받는 상황이라면, 1장에서 배운 대로 하지 말아야 할 세 가지(비판, 비난, 불평) 행동을 되새겨

보세요. 상대가 그 가운데 어느 한 가지라도 행동으로 옮기나요? 그렇다면 뒤도 돌아보지 않고 저 멀리 가버려도 죄책감을 느낄 필요가 전혀 없습니다. 상대가 여러분을 존중하지 않는다는 신호거든요. 나라는 사람과 그 결정을 존중하지 않는 상대와는 스킨십을 (심지어 사귀기조차) 절대로 하고 싶지 않은 것이 당연해요. 여러분과 어울릴 자격이 없는 상대랍니다!

모든 연령대의 사람들이 스킨십 문제와 관련해 스트레스받거나 심지어 조종당할 수 있으며, 이런 상황은 특히 청소년기에 가장 두드러집니다. 2장에서 작성한 가치관 목록을 다시 살펴보고 심리 조종을 경계합시다. 연애 상대와 분명히 대화해서 양쪽이 모두 확실하고 열정적으로 '좋아!'라고 외칠 때만 다음 단계로 넘어가세요.

:: 나의 지금 모습 살피기 ::

♥ 다른 사람이 뭔가를 하도록 설득했던 일을 떠올려 봅시다. 아무리 작은 일이라도 괜찮아요. 상대가 받아들였다면 이 장에 나온 요령을 비슷하게 썼기 때문인가요, 아니면 상대를 조종하는 속임수를 썼기 때문인가요? 만약 자신이 상대를 조종하려 했다면 인정할 수 있나요? 여러분이 원한 것을 얻는 데 성공했을 때 기분이 어땠나요? 여러분이 설득한 사람은 기분과 행동이 어떻던가요? 성공하지 못했다면, 이 장을 읽고 난 뒤에는 같은 상황에서 어떻게 달리 행동할까요?

♥ 다른 사람이 여러분을 설득하려 했던 일을 떠올려 봅시다. 그때 기분은 어땠나요? 상대와 타협해 양쪽 모두에게 이익이 있다고 느껴졌나요, 아니면 하기 싫은 일을 하도록 꼬임을 당했다는 생각이 들었나요? 나쁜 경험이었다면, 무엇이 여러분을 그렇게 하도록 움직였나요? 뒤로 물러나 자신의 감정을 객관적으로 살펴보며 모든 사람이 여러분을 진정으로 위하는 건 아니라고 생각하기가 어려울 수 있어요. 여러분이 아끼는 상대라면 마음도 아플 수 있죠. 타협하는 동안 정신을 바짝 차리고 다음 질문을 늘 기억하세요. 누구에게 이익이 돌아가나요? 양쪽 모두에게 돌아가지 않는다면, 왜죠? 당한 듯한 느낌이 드나요? 나 자신은 언제든 보호해도 괜찮아요.

데일 카네기는 설득에 관해 이야기할 때마다 미국의 자동차 회사 '포드'를 세운 헨리 포드의 말을 인용하곤 했어요. 즉, "성공의 비결이 하나라도 있다면 그건 상대가 세상을 바라보는 태도를 이해하고 그 사람과 자신이 생각하는 방식으로 각각 상황을 살피는 능력에 있다"라고 했죠. 늘 그렇듯 또 공감 이야기로군요!

하지 말아야 할 세 가지 행동은 피하면서 상대에게도 옮겨 갈 열정을 보여주세요. 자신이 무엇을 원하는지, 그리고 무엇보다도 상대가 이익을 얻으려고 어떻게 행동하는지 분명히 알아야 합니다. 그러면 여러분이 설득하는 힘을 당해낼 사람은 아무도 없어요. 결국에 여러분이든 상대든 다 잘될 거예요. 상대는 운이 좋군요.

How to Win Friends and Influence People for Teen Girls

5장

귀담아들어 주세요

다른 사람이 좋아해 주기를 바란다면,
진정한 우정을 쌓고 싶다면,
기억해야 할 원칙은 다음과 같다.
다른 사람에게 진심으로 관심을 두라.

· 데일 카네기 ·

상대방을 먼저 생각해요

✦

많은 사람이 개를 제일 좋은 친구로 꼽는 데는 그만한 이유가 있습니다. 개는 언제나 여러분을 반깁니다. 중간고사를 망치든 콧잔등에 왕방울만 한 여드름이 나든 상관하지 않아요. 이리저리 펄쩍 뛰어오르며 여러분을 소시지 다음으로 소중한 존재로 대합니다. 뭐가 어떻든 상관없죠. 여러분도 그래서 개를 좋아합니다.

도대체 어떻게 된 일이죠? 개는 심리학 수업을 받은 적이 없어요. 그런데도 사람 마음에 다가가는 법을 알고 있습니다. 여러분이 어떤 상황에 놓여 있든 중요하고 사랑받는다고 느끼게 해주죠. 이제 그 열정의 10분의 1을 사람들에게 보여주면 그들이 얼마나 잘 따를지 생각해 보세요. (그렇다고 해서 친구를 볼 때마다 흥분을 주체하지 못하고 낑낑대며 달려들지는 말고요. 역효과가 날 수도 있어요!) 진심 어린 관심은 효과가 오래갑니다. 사람과 사람 사이를 끈끈히 하고 전보다 더 좋은 친구나 여자 친구, 딸이 되려면 그 방법이 으뜸이에 요. 심지어 더 훌륭한 학생도 되겠네요.

자, 가장 좋은 대화 상대가 누구인지 여학생 수십 명에게 물어봤 습니다.

> 초등학교 때부터 친하게 지내는 친구 두 명이겠네요. 걔들은 제 말을 귀담아듣고 이것저것 물어봐 줘요.
>
> — 펜실베이니아에서, 14세 헤더

> 중학교 1학년 때 아주 가까워진 친구가 있어요. 그 애에겐 뭐 든 털어놓을 수 있어요.
>
> — 뉴저지에서, 14세 아든

> 제 친구 나오미요. 기분이 가라앉거나 하소연하고 싶을 때 언 제든 붙들고 얘기할 수 있어요.
>
> — 펜실베이니아에서, 17세 레이철

뭔가 비슷하게 되풀이되지 않나요?

상대에게 제일 중요한 것에 관심을 보여주면 그만큼 얻는 게 있어요. 친구는 모름지기 말을 잘 들어주는 사람을 원한답니다. 그렇다고 해서 듣기만 하고 절대 말하면 안 된다는 뜻이 아니에요. 자기 이야기를 꺼내면 상대가 하품할 만큼 지루해진다는 말도 아니고요. 다만 친구 사귀기의 첫 번째 규칙은, 적극적으로 공감하며 잘 들어주는 사람 되기가 우선이라는 점입니다.

> 가끔씩 수다를 떨기 좋은 친구가 있어요. 그런데 그 애는 이야기하다 말고 딴 데 정신을 쉽게 팔아요. 갑자기 엉뚱한 얘기를 시작하죠. 아니면 스마트폰을 보다가 불쑥 웃음을 터뜨리든지요. 그럴 때면 제 말을 안 듣는다는 걸 알아요.
>
> — 펜실베이니아에서, 14세 제니퍼

누구나 그런 경험이 있습니다. 친구가 '말도 안 돼!'라고 맞장구쳐야 할 타이밍에 '으응'이라고 답해요. 이렇게 듣는 둥 마는 둥 하면 짜증이 나죠. 심할 땐 대놓고 화를 내게 되고요. 아래의 퀴즈를 풀며 다른 사람의 말을 건성으로 들을 때와 제대로 들을 때의 차이를 살펴봅시다.

절친한 친구에게서 전화가 와요. 목소리를 들어보니 방금 전까지 울고 있었다는 걸 알겠네요. 여러분은 마침 사촌과 메시지를 주고받는 중이었어요. 이때 여러분은 다음과 같이 행동합니다.

Ⓐ 무슨 일인지 이야기해 달라고 친구에게 말해요. 사촌에게는 미안하다고 메시지를 보낸 뒤 바로 앱을 끕니다.

Ⓑ 사촌과 나누던 메시지 창은 닫고 요즘 빠져 있는 스마트폰 게임을 켜요. 이야기가 길어질 테니까요.

Ⓒ 무슨 일인지 사촌에게 설명해요. 그래야 답이 좀 늦어도 사촌이 이해하죠.

엄마가 방에서 뭐라 소리치고 있어요. 귀청이 떨어질 만큼 음악을 틀어놔서 엄마 말이 잘 안 들려요. 이때 여러분은 다음과 같이 행동합니다.

Ⓐ 음악을 끄고 잠시 기다리시라고 말씀드려요. 서로 소리치지 않아도 되도록 엄마 계신 곳으로 찾아갑니다.

Ⓑ 할 말 있으면 방으로 오시라고 소리칩니다.

Ⓒ 엄마가 방금 뭐라고 하셨는지는 몰라도 일단 '알았어요'라고 소리 질러요. 중요한 이야기면 다시 말씀하시겠죠.

학교 축구 경기를 보고 있어요. 사귀는 상대가 심각한 얼굴로 여러분을 보며 "저기, 뭐 좀 물어봐도 돼?"라고 묻습니다. 우리 팀이 지금막 놀라운 전술을 펼치고 있네요. 여러분은 다음과 같이 행동합니다.

Ⓐ 몸을 돌려 상대를 마주 보고 "그래, 물어봐"라고 말합니다.

Ⓑ "응, 그래"라고 말하며 공격수가 골을 넣는 모습을 지켜봅니다.

Ⓒ 일어서서 목청이 터져라 소리치며 응원합니다. 우리 팀이 득점을 앞두고 있어요. 관중도 흥분하네요!

여러분이 속한 배구팀이 시합에서 또 졌어요. 코치가 회의하자며 팀을 불러 모읍니다. 이때 여러분은 다음과 같이 행동합니다.

Ⓐ 코치와 팀 동료들이 잘 보이는 자리에 앉아 회의에 귀를 기울입니다. 시합에서 지는 건 넌덜머리가 나요. 판세를 뒤집을 방법을 찾을 때죠.

Ⓑ 남들이 하는 말을 들으며 스마트폰을 만지작거려요. 시합 때 찍은 사진을 SNS에 올린 사람은 아직 아무도 없나요?

Ⓒ 한숨을 크게 쉬고 수천 번은 똑같이 들었던 잔소리에 대비해 마음을 다잡습니다. 그러고는 맨 뒷자리에 앉아요. 그러면 몰래 인스타그램을 볼 수 있죠.

누구나 그런 순간이 있어요. 그냥 너무 지치고 딴생각이 들거나 흥미가 떨어져서 다른 사람의 말을 들을 여유가 없을 때가 있죠. 그럴 땐 상대에게 관심을 오롯이 둘 준비가 안 됐다고, 아주 가끔은 인정해도 괜찮아요. 단, 상대가 말하는 동안 무시하지 말고 미리 양

해를 구합니다.

그런데 위의 상황에서 B나 C라고 대답했다면 문제는 기분이 아니에요. 듣기 기술이 문제죠. 데일 카네기에 따르면, 진심으로 귀담아듣기야말로 '우리가 할 수 있는 최고의 칭찬'입니다. 적극적 듣기는 아무 일 없이 저절로(그래서 '적극적'이 앞에 붙죠) 되지 않아요. 그래도 연습하면 배울 수 있는 기술입니다. 아래의 네 가지 방법으로 시작할 수 있어요.

1. 주의를 흩뜨릴 만한 물건은 치워요

텔레비전을 끄고, 음악을 멈추고, 스마트폰은 손에서 내려놓고, 컴퓨터 앞에서 나오세요. 대화하는 동안, 특히 통화할 때 여러 가지 일을 몰래 한꺼번에 할 수 있다고 생각하죠? 그런데 수화기 너머로 상대가 컴퓨터에 홀린 듯 두드려 대는 키보드 소리만큼 기분 나쁜 건 없습니다. 통화하면서 소리는 끄고 자막을 켜둔 채 넷플릭스를 보는 사람도 있죠. 대화 상대가 아닌 다른 대상에 관심을 둔다는 건 생명 없는 물건이 산 사람보다 더 중요하다는 말과 다름없어요. 다 내려두고 대화가 끝날 때까지 손에 도로 들지 맙시다!

2. 마음을 편히 먹되 너무 편히 있으면 안 돼요

대화하는 동안 평소에 제일 좋아하는 의자에 푹 파묻혀 앉아 있고 싶다면 그래도 괜찮아요. 그런데 알고 보면 여러분이 듣는지 안 듣는지는 몸짓에서도 보입니다. 방 안을 두리번거린다든지 꼼지락 한다든지 하품을 한다든지……. 그러면 상대는 여러분이 대화를 끝내기만을 기다리는 줄 알겠죠. 대화에 집중할 땐 상대와 눈을 맞추고 몸을 앞으로 기울이며 친밀한 분위기를 만듭니다. 그러면 친구의 입에서 나오는 말에 실제로 관심을 기울이는 걸로 보이죠.

3. 질문하세요

절친한 친구가 하소연합니다. 2년 동안 사귄 여자 친구가 멀리 바다 건너 대학에 가려고 한다네요. 그 말을 듣고 깜짝 놀라서 "뭐? 바다 건너라니!"라거나 "정말 안됐다, 무척 힘들겠구나!"라고 외치면 여러분이 얼마나 기분을 헤아려주고 함께 가슴 아파하는지 상대도 알게 되죠. 대화 중간중간에 질문을 알맞게 섞으면 상대가 중요하게 말한 부분을 기억하기도 좀 더 쉬워요. 위 상황에서는 "그래서, 그 학교를 고른 이유가 뭐래?"라고 물으면 계속해서 대화를 이어갈 수 있을 거예요.

4. '나'가 들어가는 말은 주의해요

"넌 그만하면 됐고 난 어땠냐면……"이라는 말만큼 누가 묻지도 않았는데 '나'라는 단어가 한가득 나오는 문장도 없어요. 자, 친한 친구의 고백을 듣게 된 상황을 가정해 봅시다. 같은 반 애가 교외 특별 활동에 선발된 사실이 너무 부럽고 질투까지 난다 털어놓았죠. 이때 여러분이 "난 질투하는 성격이 전혀 아니어서 말이야"라고 반응한다면, 물론 그것이 사실이라 해도…… 친구는 자기 마음을 알아준다고 느낄 것 같지 않네요. 만약 여러분이 친구에게 주의를 기울여 다음과 같이 말했다면 친구의 기분이 얼마나 좋아질지 생각해 보세요. "넌 미술대학으로 진로를 정한 거지? 그림 실력이 대단하니까 실기에 합격도 했고. 살짝 질투하는 마음은 이해해. 하지만 금세 잊힐 거야. 그나저나 거리가 꽤 멀던데, 그 문제는 어떻게 할 거야?" 이렇게 말하면 친구의 마음에 집중했다는 게 느껴지죠. 친구를 믿고 있다고, 진짜 문제를 파고들도록 도와줄 수 있다고도 보여주고요.

누구든 살면서 성공하거나 실패하거나 혹은 어떤 고민거리가 생기면 다른 사람과 이야기를 나누고 싶어져요. 4장에서도 배웠듯이 친구나 가족, 사귀는 사람, 혹은 새로운 누군가와도 의미 있고 깊은 사이가 되려면 실제로 대화를 나누는 것이 아주 중요해요. 듣기도 이와 마찬가지랍니다. 적극적으로 듣는다는 말은 남을 언제 먼저 생각해야 할지 안다는 뜻이랍니다.

내가 들으면 상대도 들어줘요

상대의 말에 귀를 기울이면 그 뜻을 더 잘 깨달아 상대를 이해하게 됩니다. 그러다 보면 더 좋은 대화 상대가 될 수 있죠. 친구나 형제자매, 사귀는 사람, 부모님이 하는 말을 주의 깊게 들어보세요. 그러면 상대의 생각을 알게 됩니다. 이를 토대로 여러분이 원하는 바를 이야기하니 상대방도 잘 이해할 수 있게 되고요. 4장에서도 말했다시피 상대의 머릿속에서 어떤 일이 벌어지는지를 알면 나의 주장에 설득력을 부여하기가 훨씬 쉬워져요. 요즘 제가 가족끼리 아는 친구와 자주 어울리며 그 친구의 말을 좀 더 주의해서 들었어요. 그랬더니 친구가 안고 있던 문제를 함께 해결할 수 있었죠.

★ 열다섯 살인 얼리샤는 다음 주에 너무 가고 싶은 파티가 있어서 엄마와 상의하고 있었어요(그래요, 실은 다퉜어요). 대화는 다음과 같았죠.

얼리샤 엄마, 이번 파티는 정말 중요해요. 선배가 초대했어요. 맨날 있는 일이 아니라고요. 친구네 파티는 가게 해주시잖아요. 이번 일은 왜 이렇게 유별나게 생각하시는지 모르겠어요.

엄마 술 마시는 파티인 거 알아. 술 마실지도 모를 자리에 친구랑 차를 타고 가게 내버려둘 순 없다. 안 돼. 그게 답이야.

실랑이가 몇 번 더 오간 뒤 저는 얼리샤를 따로 불렀어요. 엄마가 무엇보다도 운전을 신경 쓰는 듯 보이니 그 문제를 짚으면 '공평함'을 물고 늘어지기보다 효과가 더 있을지도 모른다고 말해줬고요. 얼리샤는 그대로 따랐어요. 그랬더니 엄마의 마음이 금세 이해됐죠. 엄마는 파티에 술이 있어도 얼리샤가 마시지 않을 거라고 믿었어요. 엄마가 걱정한 건 술을 마신 사람이 모는 차를 얼리샤가 얻어 탈지도 모른다는 점이었죠.

일사천리로 얼리샤와 엄마는 두 사람 모두에게 좋은 쪽으로 양보해서 문제를 해결할 수 있는 상황을 맞이했어요. 얼리샤가 친구와 파티에 가되 엄마 차를 타고 집에 돌아오기로 약속했죠. 그러려면 원래 돌아올 시간보다 조금 일찍 집으로 출발해야 했어요. 엄마가 얼리샤를 데려오려고 한밤중까지 잠도 못 자고 기다릴 수는 없는 노릇이니까요. 완벽한 해결 방법이었을까요? 아닐지도 몰라요. 그래도 얼리샤는 적어도 파티를 완전히 놓치진 않았고, 엄마는 딸의 안전을 이리저리 걱정하지 않아도 됐죠. 엄마가 정말로 하고 싶어 하는 말이 무엇인지 귀 기울여 듣지 않았더라면 얼리샤는 기회를 아예 놓쳤을 겁니다. 아마도 토요일 밤 내내 방에 틀어박힌 채 파티에 간 사람들이 SNS에 올린 사진만 넘겨 보고 있었겠죠.

적극적 듣기는 생각지 못한 순간에 여러분의 말이 더 잘 전달되도록 힘을 발휘할 수 있습니다. 쉽게 무시될 상황에서도 상대가 여러분의 말을 들어줄지 몰라요.

미국에서 매년 4월 넷째 목요일에 시행되는 '딸과 직장에 가는 날'을 처음 만든 사람인 넬 멜리노의 예가 바로 그렇습니다. 넬 멜리노는 YWCA에서 일할 때 여성을 향한 폭력에 관한 중요한 메시지를 전달하는 과정에서 '듣기'가 얼마나 도움이 되는지 알았다고 하죠. 넬은 다음과 같이 말합니다.

우리 활동은 주로 여성에게 휘두르는 폭력이나 남성끼리의 폭력을 다루는 데 목표가 있었어요. 그러려면 남성과 대화하는 법을 꼭 알아야 했죠. 남성이 여성을 어떻게 대하고 또 남성끼리는 서로 어떻게 대하는지를 이야기해야 하니까요. 지금의 소통 방식으로는 안 된다고 거의 모든 연구 결과에 나와 있더군요. 제 남동생 조가 활동을 돕고 있을 때라 함께 이런저런 대화를 나누다가 제가 이렇게 물었죠.

"남자들끼리 있을 때 폭력에 관해 서로 어떻게 얘기해? 그 얘기를 어떻게 꺼내지?"

뜻밖에도 그런 대화는 나누지 않는다는 거예요. 남자가 여자를 때린다고 인정하려는 남자는 아무도 없고, 거의 모든 남자는 '여자에게 폭력을 쓰는 일' 따위를 저지르지 않는다는 겁니다. 예전에 소통하려던 노력이 실패했던 이유를 어느 정도 정리할 수 있었어요. 대다수 남성은 여성을 때리지 않는데도 많은 여성 단체에서 적대적으로 다뤄지고 있었죠.

우리 단체는 전국에 돌릴 소식지를 만들었어요. 가판대 위에만 쌓아놓지 않고 주차장이나 전철역, 다른 공공장소에서 남자들에게 바로 나눠줬죠. 소식지의 첫머리에는 다음과 같이 썼어요.

'여러분 대다수는 아내나 연인, 혹은 다른 여성에게 절대 폭력을 쓰지 않는다는 사실을 압니다. 우리 여성은 여러분과 함께 살고 일합니다. 여러분을 사랑하고 존중합니다.'

이런저런 일로 소식지를 숱하게 만들어 봤지만, 함부로 버려지지 않은 건 이번이 유일했어요. 이때만큼은 출퇴근 시간 번잡한 뉴욕 도심 한복판에서도, 숱한 팸플릿이 나뒹구는 길거리에서도 우리 소식지가 내던져지는 법이 없었죠. 남자들을 평화로운 사람이라고 불렀거든요. 아는 남자가 술집이나 체육관에 들어와서 "마누라한테 누가 제 주인인지 본때를 보여줬어"라는 식으로 지껄이면 외면하지 말고 도와달라고 부탁했죠. 그 활동은 효과가 어마어마했어요. 남자들과 한뜻으로 일하지 않았다면 똑같은 결과가 나왔을지는 모르겠어요.

넬은 남자들의 말을 귀담아들으며 그들과 함께 일했어요. 그 덕분에 폭력에 맞서는 이 전쟁에서 남자를 적군이 아닌 아군으로 불러야 한다는 점을 알았죠. 가르치려 들기보다 듣고, 혼자 말하기보다 함께 대화했어요. 이는 분명 도움이 되었고 그로써 남자들도 호응하게 할 방법을 찾을 수 있었죠. 다른 폭력 반대 운동이 실패한 부분에서 성공을 거둘 수 있었고요. 귀를 열고 당신들의 목소리를 듣고 있다고 알렸더니 친절한 반응이 돌아왔어요. 사람과 사람 사이의 관계를 좋게 하는 데도 이만큼 확실한 방법이 없습니다. 주위 사람들의 말을 주의 깊게 잘 들으면 생각보다 서로의 차이가 크지 않다는 점을 깨닫는 경우가 많답니다.

생명도 살리는 듣기의 힘

사람이 심적으로 아주 힘들면 대화하는 중에 그것을 암시하는 작은 단서가 나올 때도 있어요. 이런 단서들은 잘 듣지 않으면 놓치기 쉽습니다. 정신 건강은 참 까다롭죠. 자신이 얼마나 상처받았는지를 아주 잘 숨기는 사람들도 있고요. 누군가 겉으로 멀쩡해 보인다고 해서 심각한 불안이나 우울, 강박 증세 혹은 음식을 먹기 어려운 섭식 장애 등이 없다는 뜻은 아니에요.

제가 아는 친구는 몇 년 전에 정말 힘든 일을 겪었어요. 초대를 거절하기 시작하더니 말수도 줄고 예전처럼 잘 웃지도 않더군요. 생기가 사라진 사람 같았어요. 한번은 문자 메시지를 주고받는데 문자로는 친구의 상태가 그리 나쁘게 느껴지지 않았고, 예전과 좀 다른 정도였죠. 그런데 친구가 마지막 메시지에 '그냥 다 내려놓고 싶어'라고 썼어요. 평소처럼 별일 아니라고 생각하며 지나칠 뻔했죠. 그런데 문득 머릿속에 빨간불이 켜졌어요.

당장 영상통화를 걸었어요. 친구를 직접 보고, 제가 얼마나 신경 쓰는지, 최근에 달라 보여서 얼마나 걱정하는지 말해줄 생각이었죠. 나머지 일은 굳이 말씀드리지 않을게요. 친구 상황이 심각한 수준이었고 전문가의 도움이 필요했다고(그래서 다행히 도움받았다고)만 말해두죠.

친구에게 꾸준히 주의를 기울인 덕분에 변화가 생겼음을 알아차릴 수 있었어요. 가장 중요한 건 문자 메시지를 쓰면서도 적극적 듣기를 멈추지 않았다는 점이에요. SNS나 개인 메시지, 다른 문자 소통 방식에서 말투를 짐작하기란 굉장히 어려울 수 있어요. 우리 모두 잘 알죠. 그렇다고 해서 우리가 사랑하는 사람들이 무슨 말을 어떻게 하는지 관심을 제대로 기울일 수 없다는 뜻은 아니에요. 혹시 친구가 날마다 인스타그램에 게시물을 올리다가 돌연 그만둔 적이 있나요? 아니면 갑자기 아주 우울하고 무뚝뚝하거나 평소 같지 않은 글을 올린 친구가 있나요? 빨간불일 수 있어요. 의심되면 즉

시 영상통화를 걸어보세요. 그러면 상대의 마음을 읽기가 쉬워져요. 몸짓이나 말투가 더해지면 상황을 눈으로 확인할 수 있어서 좋죠. 당신에게 관심을 가지고 지켜보는 사람이 있다고 알리면 효과는 오래 갑니다.

누군가 평소와는 다르게 행동하거나 대화 중에 뭔가 낌새를 흘리면 보통은 친구나 가족이 제일 잘 알아차릴 위치에 있어요. 만약 여러분이 적극적 듣기의 기술을 쓴다면, 친구나 가족에게 도움이 필요한 때에 도와달라는 신호를 때맞춰 알아듣는 사람이 될 수 있어요.

열린 마음으로 들으며 배워요

주의를 기울이면 뭔가를 배울 수 있다고 수도 없이 들어왔죠. 지긋지긋하지만 속는 셈치고 주변에 주의를 기울여 보는 것도 나쁘지 않을 거예요. 사람은 저마다 남보다 더 잘 아는 것이 있기 때문에 다른 사람에게 진심 어린 관심을 보이고 귀를 기울이면 그 사람만이 알고 있는 정보를(아니면 최소한 그 사람만의 생각이라도) 조금쯤은 알게 될뿐더러 새 친구도 사귀게 될지 모릅니다.

대학에 첫발을 내디딜 때야말로 다른 사람을 무작정 판단하기

쉬울 때랍니다. 낯선 사람에게만 둘러싸여 있으면 눈에 보이는 단서를 따라 공통점을 찾기 마련이죠. 그래야 누구에게 자석처럼 끌릴지 알게 되니까요. 그런 판단이 틀릴 때도 있긴 해요. 리사의 사례를 보세요. 대학 입학 첫날 기숙사 방에 들어가 보니 룸메이트의 자리가 온갖 인형과 간지럽고 달콤한 팝 가수들 포스터로 꽉 찼더랍니다. 그중엔 케니 지도 있었죠. 네, 파마머리에 나른한 재즈를 연주하는 그 색소폰 연주자 말이에요. 과격한 펑크록을 좋아하는 리사의 음악 취향과는 결이 절대 안 맞았죠. 그런데 놀랍게도 일이 잘 풀렸더군요.

대학 입학 첫날을 절대 잊지 못해요. 기숙사 방에 들어갔더니 룸메이트가 벌써 와 있더라고요. 방 안에 사람은 없었지만, 그 애의 물건은 다 놓여 있었죠. 새로운 시작의 흥분이 싹 달아났다고 해야겠네요. 룸메이트인 메건이 드디어 모습을 드러냈을 때, 그 애와 친하게 지낼 수 있으리란 생각이 도저히 들지 않았어요. 그 애는 목소리가 아주 나긋나긋했어요. 목청 크고 자기주장이 강한 제 친구들과는 달랐죠. 게다가 헐렁한 후드티를 입고 있었는데 고양이가 그려져 있더라고요. 웩. 내가 지금 스스로 어디에 처박힌 거지? 저도 모르게 이렇게 생각했어요. 그 애도 분명히 제 손톱의 검은 매니큐어를 보고 똑같이 느꼈겠죠.

자, 어땠겠어요? 메건과 제가 학교 캠퍼스에서 마주쳤다면 서로 인사를 나누기는커녕 아는 사이조차 안 됐겠죠. 그런데 한 방에서 같이 살아야 하니 억지로라도 말을 섞어야 하고, 서로를 알아야 했어요. 그러다 놀랍게도 가까워지기 시작했죠. 알고 보니 공통점이 좀 있더라고요. 이를테면 욱하는 성격의 남자 친구를 둔 점이 그랬어요. 메건의 남자 친구는 아직 고등학생(한 살 아래)이고 제 남자 친구는 저보다 나이가 많았지만, 둘 다 학교 밖에 살잖아요. 남자 친구와 시간을 보내고 기숙사 일에도 신경 쓰며 균형을 잡느라 무척 힘들었어요. 그래서 우린 비슷한 처지라고 느꼈죠.

물론 다른 점도 많았어요. 메건은 수구 선수였고, 스포츠 트레이너가 되려고 공부하고 있었어요. 저는 영어와 역사, 심리학 같은 인문학을 공부했고, 과학에는 좀 약했죠. 제가 생물학 필수 학점을 따야 했을 때 누가 시험공부를 도와줬는지 아세요? 메건이요. 그리고 메건이 중요한 보고서를 써내야 했을 때 자료 정리를 도운 사람은 저였고요. 우리 둘 다 이전까지 어울리던 부류가 아닌 완전히 새로운 친구가 생겨 좋았어요. 제가 아르바이트를 하며 겪은 일에 대해 이야기할 때면 메건은 늘 제 편을 들어줬어요. 메건이 수구팀에서 갈등을 겪을 땐 제게 하소연하면 됐죠. 그해가 다 갈 때까지 케니 지에게는 여전히 마음이 가지 않았지만요. 하지만 배운 점은 분명히 있었어요. 옷이나 음악 취향처럼 보이는 것만으로 상대방을 판단하면 진짜 친구를 놓칠 수 있겠구나, 라고요. 대학교 1학년 때 가까이 지냈던 사람들과는 연락이 많이 끊겼지만, 메건과 저는 지금도 아주 좋은 친구예요. 차이점이 많은 만큼 비슷한 점도 많답니다.

— 캘리포니아에서, 20세 리사

서로의 음악 취향은 끝까지 받아들이지 못했군요. 그래도 리사와 메건은 살면서 있는지조차 몰랐던 틈을 채울 수 있었어요. 선입견은 옆으로 밀어두고 상대가 하는 말을 열린 마음으로 들어줬기 때문이죠. 이 점을 마음에 잘 간직하면 결과는 깜짝 놀랄 만큼 기분 좋기 마련입니다. 늘 어울리는 친구 외에 다른 사람과 함께할 때 더욱 그렇답니다.

듣기와 칭찬의 관계

그런데 위와 정반대인 상황을 마주할 때도 있어요. 여러분과 다른 사람의 비슷한 점이 서로의 사이를 방해하기도 쉽거든요. 여동생이 여러분의 머리 모양을 따라 하거나 여러분의 옷을 몰래 입은 때를 떠올려 보세요. 동생은 사실 여러분을 엄청나게 칭찬하고 있어요. 여러분이 본받을 만하다고 말하고 있는 겁니다. 따라 하기는 최고의 칭찬이라는 속담처럼 말이죠.

> 스타일이 아주 멋진 친구가 있어요. 그냥 이것저것 걸치는데, 저는 한 번도 상상해 본 적 없는 식이죠. 옷 가게에 가면 가끔 그 애가 입을 법한 옷이 눈에 띄어요. 그러면 그 옷은 안 사요. 자기 스타일을 따라 한다고 생각하게 하고 싶지 않아요. 그런데 가끔 질투가 나고 말죠.
>
> — 텍사스에서, 14세 제인

제인의 친구는 자기 스타일을 제인이 멋지게 봐준다는 사실을 알면 굉장히 으쓱하겠죠. 이에 대한 불편함과 질투를 털어버리고 멋진 스타일을 있는 그대로 칭찬해 준다면 친구는 기분이 좋아질 거고 옷 잘 입는 요령을 제인에게도 알려줄지 몰라요. 2장을 떠올려 보세요. 상대가 존중받는 느낌이 들게 하는 방법과 칭찬의 힘을 이야기했죠. 친구에게 더할 나위 없는 칭찬은 '나도 너처럼 되고 싶다'고 말해주는 겁니다.

결국엔 또 듣기와 주의 기울이기에 달린 일이네요. 상대를 칭찬한다는 것은 그만큼 상대를 주의 깊게 살폈다는 뜻이니까요. 게다가 상대가 어떻게 생각하는지 묻고, 상대가 하는 말을 열린 마음으로 들어주면 친구 사이도 끈끈해지겠죠. 상대에게 조언을 구한다는 것은 곧 그 사람을 진심으로 칭찬하는 거예요. 상대의 조언에 나만의 개성을 살짝 더하면 결국엔 여러분과 상대 모두에게 좋은 일이 됩니다.

상대의 마음에 들려면 상대가 훌륭하다고 느낀 점을 콕 집어 말하는 것보다 더 좋은 방법은 없어요. 거기에 여러분이 상대처럼 되고 싶어 하면 더더욱 그렇죠. 미국 중서부 아이오와주 디모인시에 사는 열일곱 살 캐시디는 그 점을 잘 알았어요. 나비 사육과 관련한 사업을 구상하던 때였죠. 나비를 키운 다음 풀어준다는 생각이 너무 좋았지만 어디서부터 시작해야 할지 몰랐어요. 그러다 결국 사업을 일으키려면 세상에서 제일 겁나는 그 일을 하는 수밖에 없다고 깨달았어요. 미래의 경쟁자들에게 직접 조언을 구하는 일이었죠.

열심히 자료를 조사하고 책도 많이 읽었어요. 하지만 사업에 꼭 성공하려면 실전에 맞춘 훈련이 필요하단 걸 알았죠. 하루는 그 지역에서 '작은멋쟁이'라는 이름의 나비를 기르는 여자분의 신문 기사를 봤어요. 주변에서 한번 연락해 보라고 부추겼지만 망설여졌죠. 그 사업으로 이미 자리를 잡은 사람이 뒤늦게야 같은 분야 사업에 뛰어들려는 사람을 도와준다는 게 상상이 안 됐어요. 결국엔 저도 경쟁자가 될 거잖아요. 고민 끝에 밑져야 본전이라는 생각으로 그분한테 전화를 걸었어요. 알고 보니 세상에서 제일 멋진 여자분이더라고요. 그분은 전화한 그날 저녁에 곧장 만나서 이야기 나누기를 원하셨죠. 애벌레에게 먹이는 어떻게 주는지, 번데기는 어떻게 돌보는지, 나비가 된 후에는 어떻게 보살펴야 하는지도 알려주셨어요. 도움이 정말 많이 됐어요. 헤어질 때는 직접 한번 키워보라며 애벌레 몇 마리와 먹이까지 챙겨주셨어요. 언제든 그분 집에서 애벌레 먹이 주는 일을 돕거나, 질문이 있을 땐 전화해도 된다고 하셨어요. 결혼식이나 마을 행사로 나비를 날려 보내는 일도 함께 해볼 기회를 주셨고요. 게다가 축하 행사에 쓸 나비를 제게서 구매한 첫 손님이 되어주셨답니다.

캐시디는 데일 카네기의 평소 가르침을 몸소 깨우쳤어요. "사람은 누구나 자신을 따르는 사람을 좋아한다"라는 가르침이었죠. 그 여자분에게 조언을 구하고, 온 마음을 다해 그 조언을 들었어요. 그분이 알려줄 만한 것에 흥미를 보이면서 자신도 모르게 최고의 칭찬을 전하고 있었죠. 이는 상대의 자존감을 높여주는 동시에 관계 또한 한층 두터워지게 만들어줍니다. 여러분도 한층 더 발전하는 계기가 되고요.

언젠가는 여러분도 다른 사람이 닮고 싶어 하는 자리에 설지 모릅니다. 여러분이 애송이였던 그 자리에 새로 들어온 누군가를 도울 기회가 상상이 되나요? 어린 여학생이 막 새로운 일을 시작할 때 뒤에서 돕고 밀어주면 얼마나 멋진 선물이 될까요? 상대에게 무엇이 필요한지에 귀를 기울이고 도움을 주는 행동이 발휘하는 힘은 정말 막강하답니다. 상대보다 힘이 있거나 영향력이 큰 자리일수록 더 그렇죠. 사람과 사람 사이를 다지고 사회를 하나로 묶어주며 세상이 전보다 훨씬 나아지게 만듭니다.

내 의견도 당당히 전해요

여러분은 이제 잘 듣는 사람이 되는 법을 배웠어요. 그렇다면 잘 못 듣는 사람도 가려낼 수 있게 되죠. 자기 자신을 보살피는 일도 잊으면 안 됩니다. 소중한 사람과의 대화에서는 여러분이 뜻하는 바가 제대로, 정확하게 들리도록 챙겨야 하고요. 이 점은 특히 사귀는 사람이나 아주 친한 친구와의 사이에서 더 중요합니다. 약점이 가장 많이 드러나게 되는 관계거든요. 마음을 드러낼수록 사이는 깊어지고, 상처 주기도 쉬워지죠.

심리학자들은 듣는 쪽에 있는 사람을 '이해하려고 듣는' 사람과

'대답하려고 듣는' 사람, 두 유형으로 나눕니다. 이해하려고 듣는 사람들은 대체로 만족스러운 인간관계를 이어갔어요. 그리 놀라운 일은 아니죠. 그 사람들은 문제를 제대로 이해하는 데 더 공을 들일 뿐, 상대의 말에 대꾸할 말을 찾는 일에는 그리 신경 쓰지 않았어요. 경험해 본 적 있지 않나요? 상대와 대화하며 나의 감정을 드러냈더니 내 말이 끝나기 무섭게 상대가 나서서 자기 할 말을 쏟아내던 적 말이에요. 그때 여러분 기분이 어땠나요? 상대가 여러분 말을 정말 들었을까요?

이 점은 인간관계에서 가장 까다로운 부분 가운데 하나예요. 여러분이나 여러분과 사귀는 상대가 서툴다고 해서 관계를 망쳤다고 생각하지는 마세요. 어른이 되어서도 서툰 사람도 많으니까요. 꾸준하게 노력해야만 나아질 수 있는 부분이라는 사실을 잊지 마세요. 또한, 사귀는 사람과의 관계에서는 중심을 잃지 않도록 신경 씁시다. 상대방의 말을 듣고 이해하기를 도맡는 사람이 항상 여러분이라면, 여러분의 의견이 먼저 들릴 수 있도록 더 당당하게 목소리를 높여봐도 괜찮습니다. 좋은 사이를 진심으로 바란다면 상대도 기꺼이 노력하게 됩니다.

:: 나의 지금 모습 살피기 ::

♥ 오래전(아마도 지금의 사생활보호법이 나오기 전) 뉴욕의 어느 통신 회사에서 통화 중 가장 많이 언급된 단어 50개를 뽑았는데, '나'라는 단어가 1위에 올랐어요. 사실 놀랍지는 않네요. 우리는 평소 '나'의 이야기를 얼마나 많이 하는지 잘 인식하지 못합니다. 손톱을 깨무는 버릇과도 같아요. 누가 지적하거나 자신이 멈추려고 노력하기 전까지는 버릇인 줄 모르거든요.

♥ 자기 이야기를 하는 버릇을 고치고 싶다면 듣기 기술을 다듬고 스스로 깨닫도록 다음과 같이 연습해 봅시다. 24시간 동안 '나'라는 단어로 문장을 시작하지 않도록 해보세요. 그렇게 하면 대화할 때 어떤 효과가 있는지 주의 깊게 살피세요. 상대에게 전보다 더 많이 질문하게 되나요? 말은 덜 하고 귀는 더 열리던가요? 상대의 반응이 달라진 것 같나요?

♥ 일주일 동안 알긴 하지만 서로 공통점은 별로 없다고 느끼는 사람과 대화할 구실을 찾으세요. 교실 옆자리에 앉는 여자애나 친구의 친구, 형제자매가 될 수도 있어요. 이 장에서 배운 '잘 듣는 사람이 되는 요령'을 활용해 보세요. 서로 공통의 관심사를 찾을 수 있는지 확인해 봅시다. 뻔한 일(어젯밤 숙제라든지 공통으로 아는 친구, 아니면 뭐, 부모님)부터 시작해서 점점 더 깊은 대화로 이어가세요. 비슷한 점을 발견해 놀랐나요? 나중에 다시 만나 대화할 때는 어떤 기분이 들었나요?

♥ 이번 연습은 용기가 좀 필요합니다. 우러러보는 사람을 한 명 골라

요. 상대는 누구든 될 수 있어요. 수학 시간에 어떤 문제든 척척 푸는 여자애나 용돈벌이 아르바이트로 늘 바쁜 언니일 수도 있어요. 아니면 여러분이 매일 학교생활만으로도 버거운 시간을 보내는 동안, 일과 가정의 균형을 잡으며 어떤 위기든 잘 다루는 엄마를 고를 수도 있죠. 상대의 구체적인 장점에 여러분이 얼마나 감탄하는지 알려주세요. 어떻게 하면 상대처럼 될 수 있는지 좀 알려달라고 부탁하세요. 상대가 어떻게 반응했나요? 기뻐서 으쓱하던가요? 여러분도 새로운 점을 알게 되어 보람이 있었나요?

정리하는 말

좋은 친구이자 딸이 되기 위한 가장 중요한 방법은 단 하나입니다. 상대의 말을 주의 깊게 들어주세요. 주의를 흩뜨리는 것들은 치워버리고 온몸으로 들읍시다. 이것저것 질문하면서 '나는'이라는 말은 조심하고요. 전보다 더 적극적으로 듣기 시작하면 대화를 잘하는 법을 배울 뿐만 아니라 뜻밖의 친구와 멋진 조언을 얻게 될 거예요.

How to Win Friends and Influence People for Teen Girls

6장

말다툼은 피하세요

나는 여태껏 수많은 논쟁에 귀 기울이고, 참여해 보고,
그 영향을 지켜보았다. 그 결과, 내가 내린 결론은 다음과 같다.
논쟁에서 이기는 법은 세상에 단 하나, 바로 논쟁을 피하는 길뿐이다.
방울뱀이나 지진을 피하듯 논쟁을 피하라.

• 데일 카네기 •

이겨도 바꿀 수 없어요

✦

말다툼은 이길 수 없습니다. 정말이에요. 아무리 옳아서 이겼어도 진 겁니다. 왜냐고요? 상대를 항복시켜 백기를 흔들게는 만들어도 그의 머릿속 생각까지 바꾸기란 거의 불가능하니까요. 상대의 진만 쏙 빼놓겠죠.

말다툼해 보세요. 그러면 상대는 여러분이 틀렸고, 밉살스럽다는 두 가지 결론만을 믿게 돼요. 그러니 알맹이는 쏙 빠진 승리랍니다. 어쨌든 이겨봐야 상대에게 존중받는 일은 절대로 없기 때문이죠. 물론, 주머니에 인터넷이 담겨 있으니 몇몇 싱거운 말다툼은 사라졌군요. 요즘엔 '지금껏 음반을 제일 많이 판 가수가 누구냐' 같은 문제에 입씨름은 아주 잠깐뿐이에요(영국 밴드 비틀스죠). 하지만 언제든 스마트폰을 꺼내 들고 상대가 틀렸다고 알려주는 사람이라면 친구를 많이 사귀기는 어려울 거예요. 수학 성적이 제일 뛰어나다 해도 마찬가지예요. 같은 반 친구가 육각형과 마름모를 헷갈려 할 때마다 키득거리며 웃음을 터뜨리는 사람이라면 호감을 살 리가 없죠. 다른 사람을 못나 보이게 하면서 잘난 척하면 아무것도 얻을 수 없어요.

그럼 다른 사람들이 틀린 게 뻔한데도 가만히 앉아서 따뜻한 미소만 짓고 있으면 되는 건가요? 아뇨, 당연히 아니죠! 그래야 옳은 경우가 아주아주 드물게 있긴 합니다만, 이런 경우는 정말 드물고 어색한 상황일 때뿐이에요. 사귀는 사람의 가족과 하루를 보내게 되었다고 가정해 봅시다. 갑자기 할머니가 1929년부터 약 10년간 이어졌던 대공황 시절에 어떻게 숯을 팔며 버텼는지를 회상하기 시작하네요. 할머니는 1938년에 태어나셨다고 하니, 걸음마를 뗐을 즈음엔 대공황이 끝났을 텐데요. 여기서 사실관계를 따질 건가요? 제발 그러지 않길! 그 자리에서 역사 지식을 늘어놓으면 기초 지식은 갖춘 애로 보이겠죠. 하지만 그 집안 식구들에게는 할머니에게 망신을 주고 잘난 척하는 이상한 애로 여겨지고 말 거예요.

때로는 일에 실수가 있어도 너그러운 마음으로 놔두어도 괜찮습니다. 그런데 자, 빨간불이 직진이고 초록불이 멈춤이라고 누군가 말하려고 해요. 그러면 사고를 일으키기 전에 제발 좀 바로잡아 주

세요. 늘 그렇듯 이것도 상황에 따라 달라요. 말해서 뭘 얻게 되는
지에 달렸고요. 스스로 따져보세요.

상대의 체면을 지켜주세요

상대의 실수를 짚어줘도 괜찮거나 심지어 그것이 도움이 될 때
도 많습니다. 남동생이 연극『햄릿』을 셰익스피어가 제작한 영화라
고 한다든지, 친구가 미국에서 네 번째로 인구가 많은 도시인 휴스
턴을 미국에서 가장 큰 도시라고 우길 때가 있죠. 그럴 때는 바로잡
아 줘야 상대가 다른 데서 창피를 당하거나 잘못된 정보를 퍼뜨릴
상황을 막을 수 있어요. 이런 말은 단순한 사실일 뿐 의견이 아니라
서 간단히 고쳐줘도 크게 상처 되지 않아요. 상대의 자존심만 다치
지 않게 행동하면 됩니다.

만약 수업 시간에 선생님이 미국의 서쪽 끝에 자리한 곳은 메인
주의 웨스트 쿼디 헤드(*미국의 동쪽 끝에 있음 — 옮긴이)라고 한다면
틀린 것 같다고 바로잡을 수 있어요. 영화『해리 포터』에서 신경질
적인 스네이프 교수와 뭐든 다 아는 여학생 헤르미온느가 서로 죽
일 듯 노려보는 신경전까지는 가지 않아도 됩니다. "말씀하시는데
죄송해요. 서쪽이 아니라 동쪽이라고 하셨죠? 아님, 제가 헷갈렸나

요?"라고만 하면 돼요. 선생님은 아마도 "잠깐, 내가 뭐랬지? 분명 동쪽 끝이라는 말이었어"라고 하시겠죠. 실수를 바로잡고 수업을 계속하실 겁니다. 그러는 사이, 반 친구 모두 제대로 된 정보를 노트에 적고 시험공부에 참고하겠죠.

자잘하게 잘못 알고 있는 사실을 부드럽게 정리하는 데는 인터넷도 도움이 됩니다. 영화 《타이타닉》이 아카데미 최우수 작품상을 탔는지, 명왕성이 정말로 행성인지를 두고 왜 입씨름하며 열을 올리죠? 스마트폰으로 5분이면 답을 찾을 수 있는걸요. 틀렸다는 말을 듣고 싶은 사람은 아무도 없어요. 인터넷을 이용하면 틀린 정보를 전달할 일이 드뭅니다. 믿을 만한 웹사이트에서 정보를 직접 확인하면 설득력도 훨씬 크죠. 그러니 시원시원하게 행동합시다. 정보가 아주 확실해서 시간 낭비라는 생각이 들어도 검색해 보세요. 혹시 모르잖아요? 생각만큼 옳지는 않다는 걸 알게 될지도 몰라요.

학교 복도를 지나는데, 친구가 카탈루냐어를 배우고 싶다고 하더라고요. 여름 방학 때 스페인에 갈 예정이라면서요. 저는 모두가 보는 앞에서 그 애에게 목청을 한껏 높여 말했죠. "무슨 소리야? 스페인에서는 스페인어를 쓰지, 이 멍청이야." 때마침 선생님이 지나가시다가 우리 옆에 오셔서 이렇게 말씀하셨어요. "스페인 발렌시아 지방에서는 카탈루냐어로 말한단

다." 애들 앞에서 완전히 바보가 된 느낌이었어요. 특히 선생님 앞에서요.

— 캘리포니아에서, 16세 소피아

말을 입 밖에 꺼내기로 마음먹은 이상, 틀릴 수도 있다고 여지를 두면 왜 이로운지에 딱 맞는 사례예요. 100퍼센트 확실하지는 않다고 말해두면 손해 볼 일이 없죠. 뭘 모른다고 누군가를 몰아세우지 말고 "그쪽이 맞을 수도 있겠네요"라고 시작합니다. 그러면 다음과 같은 네 가지 이점을 얻을 수 있습니다.

1. 상대의 지적 능력을 존중한다고 알려줍니다. 그러지 않는다면 여러분은 아무 거리낌 없이 상대의 말이 틀렸다고 곧장 무시하게 됩니다.

2. 내가 실수할 수 있다고 인정하면 상대 또한 실수를 인정할 기회가 생깁니다.

3. 모든 사람에게 숨 쉴 틈을 줍니다. 하지 말라는 세 가지 행동 가운데 두 가지(평가와 비난)를 피하게 되죠. 상대는 지적 능력을 공격받아 방어해야겠다고 생각하지 않습니다. 그리고 여러분이 옳으

면 좀 더 열린 마음으로 인정하게 됩니다.

4. 나중에 창피해질 상황을 미리 막습니다. 정말로, 완벽하게, 의심의 여지가 없이 옳다고 딱 잘라 말해놓고서 틀렸다는 걸 알았을 때 기분이 얼마나 끔찍할까요?

늘 옳기만 한 사람은 생각만큼 많지 않아요. 그래서 데일 카네기도 다음과 같이 말했죠.

"틀릴 수 있다고 인정하면 곤란할 일이 절대 없다. 그러면 말다툼이 멈춘다. 게다가 상대도 당신처럼 한쪽에 치우치지 않고 열린 마음을 먹어야겠다고 생각하게 된다."

균형감을 잃지 말아요

옳고 그름이 분명한 문제를 따지는 상황이 아니라면 일은 좀 더 복잡해집니다. 이러한 사실을, 저는 친한 친구마저 잃을 뻔하며 겨우 깨달았어요. 이유는 어처구니없게도 뮤지컬 때문이었죠. 친구와 처음 만난 자리에서 어쩌다 보니 뮤지컬 이야기가 나왔는데, 그 친구가 뮤지컬을 굉장히 좋아한다고 하더라고요. 저는 곧바로 뮤지컬

이 수준 떨어지고 우스꽝스럽기 짝이 없어 시간 낭비인 줄 알았다고 대꾸했죠. 말이 좀 심했다고 저도 생각해요. 조금이라도 포장해서 말했으면 그 일을 피할 수 있었겠죠. 알고 보니 그 친구는 뮤지컬을 좋아하기만 하는 게 아니라 전문적으로 공부한 지도 10년이 됐더라고요. 완전히 망했다 싶은 순간이었죠. 이 정도면 스스로 무덤을 팠다고 제 자신을 탓하며 충분히 깨달은 줄 아시겠지만, 저는 제 주장이 옳다며 끝까지 굽히지 않았어요. 친구도 뜻을 굽히지 않았죠.

이 문제로 티격태격하며 오랜 세월이 흘렀어요. 그러다가 결국 뮤지컬 이야기는 더 이상 하지 말자고 평화 협정을 맺었네요. 왜냐고요? 이 오랜 다툼은 결국 취향의 문제였으니까요. 친구는 뮤지컬을 아주 좋아하지만, 저는 아니고요. 둘 다 자기 생각을 지킬 권리가 있었어요. 옳거나 틀린 사람은 없었죠.

말도 안 되는 건 우리가 이러한 일로 일상에서 가장 자주 다툰다는 점이에요. 정답도 없고, 어느 쪽이 옳은지 인터넷에서 확인할 수도 없는 문제죠. 그래서 이런 입씨름은 한번 붙으면 끝이 없어요. 하지만 누구도 이길 수는 없습니다.

개학을 앞두고 쇼핑을 하러 엄마와 함께 백화점에 갔어요. 정말 사고 싶은 치마가 있었는데, 엄마는 그 치마가 저한테 어울리지 않는다는 거예요. 엄마의 말이 떨어지기 무섭게 그 치마를 백만 배는 더 사고 싶었어요. 우린 바로 그 자리에서 크게 실랑이를 벌였죠. 엄마는 다른 치마는 어떠냐고 저를 꼬이려고도 했어요. 하지만 저는 너무 화가 나서 쳐다보기도 싫더라고요. 결국 빈손으로 집에 돌아와 기분이 상한 채로 나머지 시간을 보냈어요. 나중에 백화점에 다시 가서 그 치마를 입어봤죠. 그때 그 치마가 제게 어울리지 않는다는 걸 알았어요. 그래도 엄마한테는 절대 말하지 않을 거예요.

— 캘리포니아에서, 16세 티나

누군가 우리더러 뭘 갖지 말라거나 바라지 말라고 말하는 그 순간, 우리가 그 생각에 얼마나 매달리게 되는지 알고 보면 놀랍습니다. 평가로 대화가 시작되면 그 논리가 아무리 빈틈없다고 해도 중요하지 않아요. 평가만 귀에 들릴 뿐이죠. 지금쯤이면 여러분은 그다음 일이 어떻게 흘러갈지 압니다. 티나의 엄마가 다음과 같이 단순하게 이야기했다면 어땠을까요? "저 치마도 괜찮아 보인다. 근데 너한테는 이 치마가 어울리는 것 같지 않니?"라고 말입니다. 위의 사례처럼 이성을 잃을 상황으로까지 치닫지는 않았을 거예요. 하지만 티나는 엄마의 말에도 물러서지 않아 결국 빈손으로 집에 돌아가고 기분도 망쳤어요. 얻은 게 있는 사람은 아무도 없죠.

여러분은 이제 무엇이 중요한지 압니다. 만약 싸움을 일으킬 만한 말이 속에서 부글부글 끓어오른다 싶으면 한 발짝 물러나서 마음을 가라앉히세요. 평가에 반응하려고 하나요? 서로 양보할 만한 건 없나요? 말다툼할 그 일이, 실은 결코 풀 수 없는 생각의 차이는 아닌가요? 아래의 퀴즈를 풀며 여러분이 혹시라도 마음 가라앉히기의 기술을 연습할 필요는 없는지 알아봅시다.

quiz

친구와 함께 넷플릭스를 뒤지다가 마블 영화 중 하나를 보기로 했어요. 하지만 순식간에 《캡틴 아메리카》를 보느냐, 《아이언맨》을 보느냐 하는 말싸움으로 번지고 끝날 기미가 보이지 않아요. 여러분은 다음과 같이 행동합니다.

Ⓐ 친구가 좋아하는 영화를 고르게 하며 말싸움을 끝냅니다. 그리고 다음엔 내가 고른 영화를 보기로 약속해요.

Ⓑ 말싸움이 순전히 멍청한 짓이라고 인정한 다음, 싸우는 대신에 둘 다 좋아하는 《원더우먼》을 봅니다.

Ⓒ 스마트폰을 꺼내 그룹 채팅방을 열고 이 말싸움에 같은 반 친구 모두를 끌어들입니다. 누군가는 분명히 편을 들어주겠죠.

사귀는 상대가 자신의 최근 인스타그램 게시물에 달린 댓글 다툼으로 여러분을 끌어들여요. 누군가 사진을 보고 평가했는데, 그에 상처받고 앙갚음하네요. 여러분은 다음과 같이 행동합니다.

- Ⓐ 사귀는 상대에게 따로 DM을 보내 다툼은 그만두고 무시하라며 위로합니다. 상대가 이 상황을 굉장히 심각하게 받아들였나 봐요.
- Ⓑ 태그를 못 본 척합니다. 이럴 땐 안 끼어드는 게 상책이죠.
- Ⓒ 바로 뛰어듭니다. 이런 상황엔 지원이 필요해요. 사귀는 상대에 대한 공격은 곧 나를 향한 공격이니까요.

프랑스어 과제를 함께할 조가 정해졌어요. 늘 그렇듯 과제에 별 관심 없는 아이들과 꼼짝없이 함께하게 됐네요. 1960년대 프랑스 고전 영화에 관한 보고서를 쓰자고 제안했더니 한 여자애가 크게 코웃음을 치며 "그때 영화는 말소리도 안 나와. 프랑스어 공부엔 별 도움이 안 돼"라고 말해요. 여러분은 다음과 같이 행동합니다.

- Ⓐ 숨을 고른 뒤 다른 의견을 내놓습니다. 적어도 다른 아이들이 함께 머리를 맞대고 생각하는 일에 재미를 느끼게 하면 일이 어떻게든 되기는 하겠죠.
- Ⓑ 구글에 검색해서 무성 영화가 1960년대에는 이미 사라졌다는 사실을 알려줍니다. 그다음, 이미지를 검색해서 그 당시의 영화가 얼마나 근사했는지 보여주며 조원들을 설득합니다. 보고서에 쓸 자료를 모으기도 아주 쉽다고 알려줍니다.
- Ⓒ 못마땅한 듯 눈을 굴리고 그 여자애에게 쏘아붙인 뒤, 자리를 뜹니다. 조원 탓에 기분을 망치느니 혼자 숙제하는 게 낫겠어요.

자, C를 고르면 이득을 보는 사람은 아무도 없을 게 뻔하네요. 하지만 저렇게 행동한 적이 한 번도 없다고 말할 수 있는 사람은 아마 없을 거예요. 특히나 종교나 정치, 혹은 개인 취향처럼 민감한 문제를 다룰 때 말이죠. 말다툼을 피하기는 쉽지 않습니다. 그런데 아래와 같은 몇 가지 방법을 통하면 서로 의견이 맞지 않는다고 치고받으며 멱살을 잡고 질질 끄는 주먹다짐으로 번지지 않을 수 있습니다.

1. 생각이 다름을 받아들여요

말하기 전에 일단 스스로에게 물어보세요. 여러분이 전에는 몰랐던 점을 상대가 짚어내지는 않나요? 5장을 기억합시다. 누구든 배울 점이 있다고 했죠. 너그러움을 최대한 끌어모아 다음과 같이 말한다면 긴장을 누그러뜨릴 수 있습니다. "사실 난 한 번도 그런 식으로 생각하지 못했어"라거나 "왜 그렇게 생각하는지 알겠다"라고 간단히 말해도 됩니다. 상대가 하는 말이 옳다고 생각하지 않더라도 괜찮습니다. 상대의 생각을 인정하거나 왜 그렇게 생각했는지 알기만 해도 긴장을 누그러뜨리는 데 도움이 됩니다. 똑똑하고 당당한 사람은 새로운 생각에 겁먹지 않아요. 배울 기회를 반기죠!

2. 자신의 본능에 물어보세요

하지 말라는 세 가지 행동을 마주하면 본능적으로 스스로를 변호하고 싶을 수밖에요. 하지만 상대가 반대했을 때 여러분의 첫 반응이 어땠는지 잠시 생각해 보세요. 그러면 자신의 충동적인 말과 행동은, 자신이 옳다고 주장하기보다 방어하기 위해서였다는 사실을 알게 됩니다.

3. 들어주세요

맞받아치고 싶은 충동이 크더라도 상대가 할 말은 하게 해주세요. 상대의 말을 끊지 말고 여러분이 잘 듣고 있다고 알려주세요.

4. 공통부분을 찾아요

여러분은 사냥이 끔찍하다고 생각하하지만, 삼촌에게는 자연에서 잡은 사슴 고기로 요리를 해 먹는 것이 삶의 큰 행복이라 가정하고, 서로 통하는 부분을 찾아보세요. 둘 다 야외 활동을 좋아한다는 점이 있군요. 생각이 다르다고 해서 서로 극과 극에 있지는 않다는 점을 떠올리도록 도와줄 거예요.

5. 공통부분을 이용해 주장을 펼치세요

상대가 한 말 가운데 여러분과 생각이 같은 부분을 되뇌며 대화를 시작하세요. 삼촌은 사냥꾼들이 환경 보호에 진심이어서 존경스럽다는 말을 들으면 고마워할 거예요. 사냥 탓에 생물 다양성이 훼

손되어 걱정이라고 덧붙인다고 해도 말이죠. 삼촌이 하는 말을 여러분도 듣고 있다고 알려주게 돼요. 그러면 삼촌도 여러분의 말을 들어주고 싶어집니다.

6. 솔직해지세요

상대가 옳다고 설득된다면 인정하세요! 자존심이 타협을 막아서는 안 됩니다.

7. 시간을 두고 생각해 보세요

서로 내세우는 주장이 자꾸만 도돌이표를 찍거나 소리 지르기 경쟁처럼 변해가는 것이 느껴지면 잠시 틈을 둡시다. 서로 상대의 말을 생각해 보자고 합의한 다음 실제로 그렇게 하세요. 내 의견의 변호를 멈추고 생각을 잠시 되새기면, 상대의 의견이 조금은 덜 이상하게 느껴질 수도 있어요.

서로 생각이 다름을 결국 인정하더라도 위의 요령을 따르면 상대와의 관계에 해가 가는 일이 없습니다. 여러분이 상대의 생각을 존중한다는 점이 확실해지죠. 그 정도만 해도 다툼은 저절로 사그라듭니다.

채식주의자가 되면 어떨지 고민하고 있었어요. 사실 특별한 이유는 없고, 그냥 채식을 하면 어떨지 알고 싶었죠. 엄마가 한 사코 반대하셔서 며칠 동안 서로 다퉜어요. 여기저기서 구실을 찾고 이유를 들어 제 생각이 옳다고 했죠. 심지어 제게 맞는 이유도 아니었어요. 그저 엄마가 옳다고 인정하고 싶지 않았어요. 엄마도 그 점을 꿰뚫어 보셨죠. 하지만 진짜 이유를 결국 말씀드렸어요. 이유 없이 그냥 해보고 싶었다고요. 그랬더니 엄마가 훨씬 잘 이해해 주셔서 서로 타협할 수 있었어요. 이번 여름에 제가 시간 부담이 덜 할 때 채식을 해보도록 봐주신댔어요.

결국엔 서로에게 좋은 상황이 됐죠. 하지만 한창 다툴 땐 엄마가 제 말을 안 듣고 똑같은 주장만 거듭한다고 생각했어요("저녁을 따로 준비할 생각은 없어. 너도 시간은 없잖아."). 정말 힘이 빠지고 화가 나서 저도 마음에 없는 말을 내뱉게 됐고요. 그러면 엄마도 화를 냈죠. 서로 양보해서 얻은 결론이 최고의 방법이었다고 생각해요. 결국 우리 둘 다 마음 편할 방법이죠.

— 펜실베이니아에서, 17세 제시

제시는 자신이 정말로 채식주의자가 되고 싶은 것인지 아닌지 잘 몰랐어요. 하지만 엄마에게서 그 생각이 아예 틀렸다는 말을 들고 싶지도 않았죠. 아마 엄마는 제시가 고기를 먹지 않겠다고 이런 저런 핑계를 댄 게 엄마를 향한 불만처럼 들렸던 모양이에요. 제시는 뒤로 물러나서 자존심을 누르고 자신이 다 틀릴지도 모른다고 인정하며 그래도 채식을 한번 해보고 싶다고 말했어요. 엄마와의 사이에 생긴 긴장을 누그러뜨렸더니 서로 양보하며 방법을 찾을 수 있었죠.

말다툼은
시작하기 전에 멈추세요

일단 말다툼이 번지면 상대 의견이 옳다고 해주지 않는 한 그 무엇으로도 말다툼을 멈출 수 없어요. 어쩌면 전혀 옳다고 생각하지 않아도 그냥 알겠다고 하고 싶을 때도 있어요. 왜일까요? 그야 덜 중요한 일에 옳다고 해주면 별것 아닌 차이에 꼼짝없이 갇히지 않고 그보다 더 중요한 일에 집중할 수 있으니까요.

댄스파티 전까지 친구들과 어디에서 시간을 보내면 좋을지 여자 친구와 상의하고 있었어요. 이탈리아 음식점이 어떻겠냐고 물으니 여자 친구는 제 생각이 영 형편없다더군요. 모두에게서 마늘 냄새가 날 테고 자기는 탄수화물 음식을 먹고 싶지 않다고 했어요. 어처구니가 없었죠. 그 문제로 다투다 보니 한참이 지났고 애초에 다투던 문제가 뭐였는지도 잊었어요. 여자 친구가 불쑥 이젠 저랑 댄스파티도 가고 싶지 않다고 하더라고요. 결국 다른 커플더러 정하라고 했죠. 황당한 건, 그 커플도 제가 처음에 가자고 했던 곳을 골랐다는 거예요.

— 조지아에서, 17세 브라이언

누구나 가끔씩 쓸데없는 말다툼에 휘말리는 상황이 있고, 이는 당사자 모두에게 책임이 있어요. 하지만 브라이언과 여자 친구가 대화의 진짜 목적을 기억했다가 말다툼에 불이 붙기 전에 불씨를 껐더라면 훨씬 더 좋았을 거예요. 여자 친구는 이렇게 말할 수도 있었겠죠.

"이탈리아 음식 좋지. 그런데 실은 초밥 생각이 났어. 색다르잖아. 그러면 파스타를 거하게 먹고 졸릴 일도 없지."

싸움을 거는 말이 아니죠. 다만 의견을 전할 뿐입니다. 여자 친구가 비판과 비난, 불평, 이 세 가지 행동을 피했다면 브라이언이 방어적으로 대응할 일도 없었겠죠. 그랬다면 두 사람은 이탈리아 음식이 좋네 싫네 하면서 전쟁을 치르지도 않았을 겁니다. 결국 여자 친구가 가기 싫어하던 곳에 가게 된 점에서 다음과 같은 사실이 드러날 뿐입니다. 말다툼은 누구도 이길 수 없다는 사실이죠.

또 한 가지 예로, 여러분이 낚시를 무척 좋아하는 사람과 사귄다고 가정해 봅시다. 여러분은 낚시하러 가기가 싫고요. 죽은 물고기가 역겹다, 지렁이를 만지는 게 징그럽다, 낚싯바늘에 미끼를 다는 일은 절대 없다면서 입씨름하겠죠. 낚시 데이트 대신에 여러분은 등산 데이트를 원해요. 그러면 왜 굳이 낚시가 좋은지 나쁜지를 따지며 상대의 취미를 깎아내리는 위험을 감수하죠? 다음과 같이 말해보세요.

"난 이번 주말에 등산하러 가고 싶었어. 우리 오빠가 요즘에 새로운 등산로를 다녀왔는데 아주 좋았대. 바로 옆으로 시냇물이 흐른댔어. 어때?"

분통을 터뜨리지 말고 편안하고 긍정적인 말투로 대화를 시작하면 쓸데없는 말싸움을 피하기 쉽겠죠. 결국은 낚시 대신 등산을 하러 가게 될 수도 있어요. 간단히 다음과 같이 말하는 것도 괜찮습니다.

"낚시는 나한테 좀 안 맞는 것 같아. 그래도 밖에서 뭔가를 즐기자는 생각은 아주 좋아. 등산은 어때?"

비슷한 예로, 아주 친한 친구가 같이 치어리더팀에 지원해 보자고 자꾸만 조르는 상황을 가정해 봅시다. 여러분은 짧은 치마를 입고 반짝이 수술을 흔든다는 게 생각만으로도 끔찍하네요. 친구에게 그대로 말할 수도 있지만 과연 결과가 어떨까요? 아마도 친구는 상처를 받겠죠. 자신이 좋아하는 것을 비판하는 말로 들릴 테니까요.

만약 치어리더팀 입단 테스트와 친구에게 상처 주는 일을 동시에 피하고 싶다면 친구의 생각이 어떤지에 초점을 맞추는 게 가장 좋아요. 다음과 같이 말해보세요.

"난 안 맞는 것 같아. 물구나무서기도 못하고, 너도 알다시피 치마는 내 스타일이 아니잖아. 하지만 넌 굉장한 치어리더가 될 거야. 네가 도전해 보겠다고 해서 정말 기뻐. 동작을 제대로 봐줄 사람이 필요하면 말해줘. 꼭 돕고 싶거든."

이렇게 하면 여러분의 생각을 강요하지 않으면서 친구를 응원할 수 있어요.

때로 말다툼을 유리하게 이끌려면 여러분이 처음부터 틀렸다고 인정해야 합니다. 부모님이 주말 외출 금지 명령을 내렸다고 가정해 봅시다. 여러분이 부모님의 차를 (허락 없이) 빌려 타고 군것질거리를 좀 사러 나갔다 왔거든요. 이때 부모님이 너무 심하다고 비난하듯 말했다간 그 마음을 돌리기 어렵겠죠. 더 중요한 건 이번 토요일 댄스파티를 몇 주 전부터 목이 빠지게 기다렸는데, 그걸 부모님이 아세요. 이 상황에서 밖에 못 나가게 하면 잔인하고 지나친 처사 아닌가요? 부모님은 집에 식료품이 필요할 때는 여러분을 믿고 차를 맡기며 장을 봐달라고 하시기도 해요. 하지만 막상 여러분에게 필요할 때는 갑자기 여러분을 두 살짜리 아기처럼 대하세요. 그렇다고 그 생각을 다 말씀드리면 토요일 댄스파티에 갈 수 있게 될까요? 음, 아뇨. 아니겠죠.

더 나은 방법이 있습니다. 부모님의 생각을 이해해 드리면서 그래도 한번 봐달라고 다음과 같이 부탁하는 겁니다.

"맞아요. 차를 가져가기 전에 먼저 여쭤봤어야 했어요. 왜 속상하신지 알겠어요. 다 제 잘못이에요. 그래도 이번 주말 댄스파티에 가게 해주시면 안 될까요? 케이랑 저랑 오래전부터 손꼽아 기다린 파티예요. 새 옷을 사느라 돈도 썼고요. 안 가면 케이가 절 가만 안 놔둘지도 몰라요. 다음 2주 동안 주말에 밖으로 못 나가게 하시면 그렇게 할게요. 그러니까 이번 주말엔 케이랑 약속을 지키도록 나가게 해주시면 안 돼요?"

잘못했다고 인정합시다. 그러면 몇 시간이 흘러도 끝나지 않을 말다툼을 피하고 여러분이 벌인 일이 얼마나 심했는지 서로 따지지 않아도 돼요. 부모님이 꼭 알려주려고 하는 부분도 바로 그 점이지 벌을 내리려는 게 아니에요. 여러분이 잘못했다고 바로 인정하면 긴장된 분위기를 누그러뜨리고 부드럽게 의논하거나 서로와 조절하며 맞는 부분을 찾게 됩니다.

상대를 존중하지 않으면 말다툼은 반대 효과를 불러일으킬 수 있어요. 여러분이 상대의 선택을 비웃을수록 상대는 자신을 변호하려고 들겠죠. 틀렸다는 말을 듣고 싶어 하는 사람은 아무도 없어요. 입고 있는 옷이라든지, 듣고 있는 음악, 어울리는 친구 등 기본적으로 나를 나답게 해주는 대상에 대해서는 특히 그런 말을 듣고 싶지 않아요. 나와 다른 생각에만 집중해 상대의 자존심을 밑바닥까지 긁는 일이 없다면 얻는 것이 훨씬 더 많아지죠. 상대를 있는 그대로 보고 상대의 의견을 그대로 존중해 봅시다. 그렇게 하면 대화는 모두에게 이로운 방향으로 흘러갈 수 있습니다. 상대와의 사이에서 선을 지킵시다. 존중하는 태도를 보이기 어렵다면 때로는 아예 말싸움하지 않는 편이 낫습니다.

옳은 질문으로
마음의 문을 열어요

상대의 체면을 지켜주는 방법으로는 뭐니 뭐니 해도 상대가 자기 잘못을 스스로 깨닫도록 해주는 게 최고입니다. 단번에 옳다고 할 수 없는 생각을 맞닥뜨리게 되면 우리는 대체로 그 생각의 옳고 그름부터 먼저 따집니다. 상대가 왜 그렇게 생각하는지 알려고 하는 대신, '아, 그건 틀렸어'라거나 이상하다거나 나쁘다고 생각해요. 이때 간단한 질문만 몇 개 던져도 상대에게 기회를 줘서 자기 생각을 설명하거나 다시 생각해야 한다고 인정하도록 만들 수 있어요.

이를테면 절친한 친구가 예전에 만나다 헤어진 사람과 갑자기

다시 사귀고 싶어 한다고 합시다. 그 사람은 그 친구를 함부로 대했어요. 여러분은 "글쎄다, 그러다 곧 또 엉망이 되지"라고 말할 수도 있어요. 하지만 이젠 여러분도 친구를 비웃는다고 해서 문제가 뭔지 짚어줄 수 없다는 점을 잘 알아요. 그러지 말고 필요한 질문만 몇 개 던지고 상대의 대답을 귀담아들어 주면 어떨까요? "예전에 사귈 때 그런 대접을 받았는데 괜찮았어? 지난번에 서로 사이가 어떻게 끝났더라? 이번엔 다르다고 봐? 왜?"라는 식으로 상대에게 의견을 물어봅니다. 어쩌면 친구가 스스로 깨달을지도요. 그 사람과 다시 만나기 전에 좀 더 생각해 봐야겠다고 말이에요.

오빠가 갑자기 음악을 그만두겠다고 마음먹을 때도 위와 마찬가지입니다. 오빠는 음악에 평생을 바치고 악기 연주로 장학금까지 받아 대학까지 갔어요. 여러분은 앞뒤 안 가리고 곧장 큰일 날 소리라거나 기회를 날린다고 오빠를 몰아세울 수 있죠. 아니면 오빠가 스스로 깊이 생각해 보도록 다음과 같이 말해줄 수도 있어요.

"마음 바뀔 일이라도 있었어? 아직도 음악을 사랑하지? 악기를 영영 다시 안 잡으면 5년 뒤에 기분이 어떨 것 같아?"

알고 보니 오빠가 굉장히 마음 아픈 일을 겪었을 수도 있어요. 이야기를 따라가며 질문하면 오빠가 정말 사랑하는 것을 포기하지 않도록 지켜줄지도 몰라요. 게다가 오빠가 제일 필요로 할 때 옆에서 도와주고 속마음을 들어줄 수도 있죠. 질문 몇 개와 열린 마음만 있으면 변화를 만들어낼 수 있습니다. 말다툼을 피하면서 친구가 잘못된 결정을 내리지 않도록 돕고 다른 사람과의 사이도 끈끈해지는 게 한꺼번에 다 가능해요.

댓글은 보지 맙시다

인터넷만큼 쓸데없는 말싸움이 오가는 곳이 세상에 또 있을까요? 왜인지는 벌써 아시겠죠. 온라인에서는 자신이 누구인지 드러나지 않기 때문이에요. 그래서 사람들에게 시비를 걸어도, 설령 그 사람들을 실제로 안다고 해도 얼굴을 직접 보지는 않으니 거리가 멀게 느껴지죠. 어떻게 하면 인터넷에서 일어나는 야단법석 드라마에 휩쓸리지 않을 수 있을까요? 다행히 이 문제에도 여태껏 배운 요령이 거의 똑같이 쓰입니다. 이번 장에서 알려드린 관점에 따라 뭐라고 말할지 생각해 보세요. 단, 다음과 같은 비결이 몇 가지 더 있습니다.

1. 댓글은 보지 마세요

이 말은 이미 수천 번도 더 들었겠죠. 하지만 그날의 화제가 뭐든 간에 딱 봐도 너무 끔찍한 반응의 댓글을 읽으면 화가 치솟으면서도 묘한 쾌감이 들지 않나요? 가끔은 사람들의 잘못된 생각에 화내는 일이 재미나게 느껴질 때도 있죠. 그런데 가만 따져봅시다. 그 부정적인 기운에 그럴 만한 가치가 있나요? 몇몇 온라인 커뮤니티는 갈등을 사려 깊게 해결하거나 조절하기 위한 규칙이 잘 자리 잡혀 있어요. 그런 게시판에서는 댓글을 읽으며 함께 즐기면 됩니다. 하지만 규칙이 아예 없거나 형편없는 곳도 많아요. 그러면 좋은 댓글과 나쁜 댓글의 비율이 받아들일 수 있을 만큼 알맞은지 직접 판단해야 합니다. 다수의 의견이나 분위기에 동조해야 할 의무는 절대 없다는 점을 기억하세요. '오늘은 이런 일에 쏟을 기운이 없어'라며 넘어가도 아무런 문제가 없습니다. 마음의 행복을 지키고 자신을 돌보세요.

2. 악성 댓글러에게 먹잇감을 굳이 주지 마세요

예전에는 온라인상의 악성 댓글러들을 무시하는 것이 지혜로운 대처법이라고 여겼어요. 관심을 구할 뿐 먹잇감이 없으면 자연히 사라질 사람들이기 때문이죠. 실제로 그 생각이 맞을 때도 많아요. 부정적인 기운이 가득한 시스템에 에너지를 쏟아부으면 악성 댓글러에게 상을 주는 것과 같다고 밝힌 연구 결과도 있고요. 그런데 문제는 그들을 무시하면 결국 당한 사람이 짐을 짊어지게 된다는 점이죠. 온라인상의 몹쓸 인간들 중에는 쉽게 그만두는 악성 댓글러들만 존재하는 것이 아니라는 점도 문제입니다. 온종일 SNS에서 위협적인 댓글로 사람들에게 겁주기를 일삼는 사람들이 있죠. 어떤 사람은 폭력을 부추기기도 합니다. 이런 피해는 여성이나 성소수자, 피부색이 다른 사람 등과 같은 사회적 약자 집단에 훨씬 더 흔하게 생깁니다.

쉽게 해결할 방법은 없지만 일단 상대하지 않는 식으로 반응할 수 있어요. 만약 댓글을 지울 힘이 있다면 악성 댓글을 지워요. 아니면 신고하거나 주의를 주고 차단하는 식으로 대응할 수 있죠. 온라인 괴롭힘이 정말로 심해지면 누군가에게 꼭 이야기하세요. 그렇게 괴롭힘당하는 친구도 살펴주고요.

3. 대화를 제대로 나누세요

온라인에서 다투는 사람은 흔히 논리에 맞거나 뭘 제대로 알아서 말싸움하려는 게 아니에요. 만약 여러분이 누군가에게 올바로 따지려면 이번 장에서 배운 요령을 그대로 지키면 됩니다. 말로 괜히 따발총을 쏘아대고 불을 지피는 식일 필요는 없어요. 대화를 좀 더 침착하게 이끌 길이 있을지 생각해 보세요. 사납게 되받아치면 잠깐은 시원하겠지만, 그 느낌은 상대가 더 심한 말로 쏘아붙이기 전까지 이어질 뿐이죠. 그렇다고 해서 성차별 등의 혐오 발언을 내뱉는 사람들에게 '친절'해야 한다는 말은 아니에요. 다만 상대의 생각을 올바로 바꾸려면 자기 의견을 제대로 전할 전략이 있어야 한다는 뜻이죠.

4. 소리 내어 읽으세요

인터넷의 익명성에 영향받지 않으려면 답글을 달기 전 소리 내어 읽어보세요. 현실 세계의 말로 표현된 단어들을 귀로 듣기만 해도 생각이 바뀔 수 있어요. 같은 일을 다르게 말하는 방식도 생각하게 됩니다(이 방식은 학교 보고서를 쓸 때도 효과가 아주 좋아요).

5. '메일 전송 취소' 기능을 사용해요

이메일 계정에 '전송 취소' 기능이 있다면 켜두세요. 메일을 전송한 뒤 짧은 시간 안에만 이 기능을 사용할 수 있는 경우가 대부분이지만, 그 덕에 저는 확실히 여러 번 난처한 상황을 면했어요. 다음과 같이 생각할 만큼만 시간을 씁니다. '아, 선생님께 메일을 너무 예의 없이 쓴 것 같아. 안 되겠어.' 그럼, 전송 취소!

6. 로그아웃하세요

진심이에요. 반드시 해야만 하는 일처럼 메시지를 읽고, 게시글에 '좋아요'를 누르고, 기록을 관리하지 않으면 안 될 것 같죠. 하지만 정신 건강에 영향받기 시작한다면 잠시 내려놓으세요. 충동적으로 확인하지 않으려면 계정에서 로그아웃해 보는 것도 도움이 됩니다. 그러면 앱을 켤 때마다 로그인 과정을 번거롭게 거쳐야 하죠. 작지만 효과가 놀라운 장애물이랍니다. 하루 이틀 정도 앱을 그냥 지워볼 수도 있어요. 영영 그럴 필요는 없지만 유혹을 없애고 거리를 좀 둘 정도로 여유만 가지면 돼요. 자신을 돌봅시다.

:: 나의 지금 모습 살피기 ::

♥ 최근에 벌였던 말다툼을 떠올려 보세요. 어떻게 시작됐나요? 여러분이 상대의 잘못을 나무랐나요? 아니면 그 반대였나요? 다시 생각해 보니 상대가 맞을지도 모르는 부분이 보이나요? 상대의 잘못을 꼬집어서 뭔가 얻은 게 있나요? 여러분이 잃은 게 있다면 그게 뭔가요? 다시 말다툼을 벌인다면 당사자 모두 수긍하고 다툼을 멈출 만한 말이나 행동이 생각나나요?

♥ 자존심을 걸고서 누군가를 말로 공격하고자 합니다. 이때 잠시 멈추고 내가 지금 상대의 시선에서 상황을 보고 있는지 생각해 보세요. 나와 상대에게 도움이 될 질문을 스스로 던져보고 상대가 왜 그러는지 좀 더 알아보려 노력하세요. 상대가 여러분 생각에 설득됐나요? 아니면 상대 생각에 여러분이 설득됐나요? 온라인에서도 이 요령들을 잊지 말고 쓰세요. 정신 건강에 주의하면서 필요할 땐 거리를 두도록 신경 쓰세요.

우리가 흔히 벌이는 말다툼은 문제 해결보다 상처 난 자존심과 더 관련이 있어요. 자존심에 휘둘리다 보면 배우고 성장할 기회를 잃게 됩니다. 하지만 서로의 공통부분을 찾아 의견을 맞춰보세요. 나와 상대 양쪽이 상황을 한층 더 이해할 수 있도록 이것저것 질문하세요. 그러면 말다툼을 멈추고 대화를 나누며 서로 양보해서 최선의 방법을 구할 길이 자주 생겨요. 말다툼에 따라오는 부정적인 기운에서 여러분을 지키세요. 그리고 그 기회를 잘 살려 다른 사람과 좋은 관계를 만들어요.

How to Win Friends and Influence People for Teen Girls

7장

잘못은 솔직히 인정하세요

자신의 실수는 어떤 바보든 변명할 수 있다.
그리고 바보는 대부분 변명한다.
하지만 실수를 인정하면 품격과 극도의 행복을 느낀다.

• 데일 카네기 •

변명하지 마세요

✦

누구든 일을 망칠 때가 있어요. 약속을 깜빡하거나 준비 없이 수업에 들어가거나 점심때 학교 식당에서 뭔가에 걸려 넘어집니다. 실수는 배우는 과정의 (때로는 괴로운) 일부랍니다. 중요한 것은 실수에 어떻게 대처하느냐예요. 어떻게 해야 옳은지 다 알 것 같은 데일 카네기도 실수에서 완벽히 벗어나지는 못했어요.

카네기는 집 근처 근사한 숲이 있는 공원에 반려견 렉스를 데리고 나가 뛰어놀게 하는 걸 좋아했어요. 아무 문제 없어 보이죠? 문제는 단 하나, 공원에서는 개에게 목줄을 채워야 한다는 점이었어요. 그 점은 카네기도 잘 알고 있었답니다. 예전에 목줄 없이 렉스와 산책을 하다가 경찰에게 경고받은 적이 있었거든요. 그런데도 렉스는 사람을 물지 않으니까 법이 유난하다고 생각하며 렉스가 자유로이 뛰어다니도록 내버려뒀어요. 아니나 다를까 예전에 만난 그 경찰을 다시 마주쳤죠.

하지만 데일 카네기는 상황을 현명하게 해결했어요. 경찰이 단속 법규를 읊기도 전에 사실을 바로 인정하고 미안하다고 사과했죠. 불법인 줄 알았고, 변명의 여지가 없으며, 경찰이 벌금을 물리는 일이 마땅하다고 인정했어요. 어떻게 됐을까요? 경찰관은 카네기와 렉스를 보더니 이렇게 말했답니다.

"음, 둘이 저쪽 언덕 뒤에만 있는다면 저한테는 안 보여요. 그럼, 이 일은 없던 척 지나갈 수도 있겠군요."

왜였을까요? 상대가 옳다고 인정하면 굳이 말싸움으로 이어지지 않을 수 있으니까요. 잘못했다고 인정하면 상대가 그 잘못을 굳이 안 밝혀도 되죠. (경찰관과 다퉈본 적이 있다면 아시겠죠. 그랬다간 경찰이 주저 없이 벌금 딱지나 그보다 더 심한 벌을 주며 잘못을 알려줄 겁니다) 데일 카네기는 "속 깊고 너그러운 태도가 통하면 실수를 작게 봐줄 때가 100번 중 한 번은 있다"라고 했어요.

엄마가 가장 아끼는 스웨터를 여러분이 더럽혔는데, 엄마가 알기 전에 사실대로 말씀드렸다고 생각해 봅시다. 그 일을 받아들일 때 엄마 기분이 얼마나 누그러질지 상상이 가죠. 스웨터를 가져가서 다음과 같이 말합시다.

"정말 죄송해요. 엄마가 제일 아끼는 스웨터에 커피를 쏟았어요. 더 조심했어야 했는데. 용돈을 모아서 새로 꼭 사드릴게요."

그러면 엄마는 이해하고 넘어갈 수도 있어요. 하지만 어느 날 저녁에 중요한 모임이 있어 입고 나가려다가 그제야 스웨터에 문제가 생겼다는 걸 알게 된다면 어떨까요. 그전에 스웨터를 도로 가져다 놓으라고 여러 번 잔소리까지 했었고요. 엄마의 엄청난 분노를 각오해야 합니다.

절친한 친구의 생일에 전화하는 걸 깜빡했어요. 이럴 때도 위의 상황과 마찬가지랍니다. 양심에 너무 찔려서 도저히 친구에게 말을 걸 수가 없겠죠. 그래도 상황을 받아들입시다. 여러분의 미안한 마음을 전하지도 못한 채 친구의 상처를 곪게 내버려두면 상황은 더 안 좋아질 뿐이에요. 친구가 제일 좋아하는 간식을 들고 찾아가서 다음과 같이 말해보세요.

"어제 전화 못 해서 너무너무 미안해. 나한테 화낸대도 할 말 없어. 늦었지만 진심으로 생일 축하해."

이렇게까지 하는데, 친구는 여러분을 용서하고 여러분이 들고 온 간식을 먹을 마음이 들겠죠. 하지만 변명을 구구절절 속사포처럼 늘어놓거나 잘못이 뭔지 모른 척한다면 가짜처럼 보입니다. 그러면 친구는 여러분에게 제일 중요한 게 우정이 아니라고 생각하게 됩니다.

잘못에 책임을 져요

때로는 잘못을 스스로 인정하기도 전에 누군가가 먼저 그 사실을 짚어주기도 합니다. 뭘 잘못했는지 정말 몰라서 그렇다면 뭐, 어쩔 수 없네요. 잘못부터 알고 시작해야죠. 하지만 잘못을 저질러놓고도 책임지지 않은 채 난처함만 벗어나려고 한다면 그 태도부터 다시 생각해야 합니다.

실수를 온전히 책임지려면 겁이 납니다. 자신이 정말로 아끼는 사람이 잘못을 따졌을 때는 특히 그렇죠. 금방이라도 친구를 잃을 것만 같아요. 아니면 적어도 친구 앞에 고개를 못 들겠다는 생각도 들어요, 아주 영영. 그래서 잘못을 지적한 그 사람을 안심시키려는 본능부터 자연스레 나옵니다. 나는 당신이 사랑하는 친구나 딸, 언니, 여동생, 여자 친구라고, 이번 한 번만 평소와 다르게 행동하게 됐다고 하는 거죠.

하지만 옆에 없어서 변명할 수 없는 남이나 운을 탓한다고 해서 상대가 여러분을 좋게 볼 리는 없어요. 그 상황에서 벗어나려고 하는 말로만 들리죠. 그뿐만 아니라 애초에 책임지지 않으면 다시는 문제없게 하겠다고 안심시켜 주지도 못해요.

영화 《기묘한 이야기》에 출연한 배우 위노나 라이더를 예로 들어봅시다. 2001년, 위노나 라이더는 미국 캘리포니아주 베벌리힐

스에 있는 호화 백화점에서 약 700만 원어치의 물건을 핸드백에 몰래 넣어 나오다가 붙잡혔어요. 실제로 훔치려고 한 게 아니라 영화 속 역할을 연구하느라 그랬다고 주장했죠.

그 말을 듣고 판사가 "아, 그럼 걱정하지 마세요"라고 말했을까요? 그럴 리가요. 위노나 라이더는 신문 연예 기사에 몇 주 동안 오르내리며 뭇매를 맞은 끝에 중절도죄 판결을 받았어요(나중에 경범죄로 낮춰졌죠). 사과는커녕 변명만 늘어놨기 때문이었죠. 판사는 다음과 같이 말했습니다.

"가장 염려스러운 점은 당신이 저지른 일에 대한 책임을 스스로 질 수 없었다는, 좀 더 정확히는, 책임을 피했다는 사실입니다."

위노나 라이더가 책임을 교묘히 피하려고 하자 판사는 다음과 같은 의심이 들었어요.

'물건을 훔치는 건 심각한 범죄인데 본인이 훔쳤다는 사실을 인정하지 않는군. 만약 풀어준다면 마구잡이 공짜 쇼핑에 또 나서지 않는다고 어떻게 보장하지?'

아마도 그래서 심리 상담 과정이 판결에 들어갔다고 보입니다. 여러분도 벌써 백만 번은 들었겠죠. 배우 본인이야말로 무슨 짓을 저질렀는지 생각했어야 했다고요.

하지만 꼭 배우가 아니어도 우리는 본인 잘못이 아닌 척 기가 막히게 연기하는 법은 압니다. 누구든 궁지에 몰리면 나의 문제가 아닌 상황 탓이라고 생각해요. '공부할 시간이 부족해서 커닝했어요' 혹은 (제일 나쁜 경우) '사실을 알면 화낼 줄 알고 거짓말했어요'라고 변명하죠. 그런 말들에 진실이 담겼을 수도 있어요. 하지만 자신이 선택한 행동은 결국 자신이 책임져야 합니다.

> 어느 날인가 학교 복도에 있는데, 선배 두 명이 제 친구 벨을 못살게 구는 게 보였죠. 벨이 뚱뚱하다며 놀리고 있더라고요. 벨은 울음이 곧 터질 것 같았어요. 그 애가 나중에 저한테 왔길래 저는 돕고 싶었지만 보복당할 일이 겁났다고 말했어요.
>
> — 콜로라도에서, 13세 에리카

어이쿠. 에리카는 벨처럼 될 게 무서워서 편을 들어주지도, 선생님을 모셔 오지도 않았다고 해요. 고작 저런 말을 듣다니, 벨의 기분이 전혀 나아지지 않았겠네요. 벨이 에리카에게 크게 화낼 만하겠어요.

변명을 듣는다고 해서 상대방의 기분이 나아질 리는 절대 없어요. 그러니 변명을 생각하느라 시간 낭비하지 맙시다. 상대가 계속 믿고 존중해 주길 원하면 자신이 잘못했을 때 그냥 인정하세요. 물건을 훔치거나 학교를 제멋대로 빠지거나 술을 마시거나 아니면 친한 사람의 뒤통수를 치는 것처럼 큰 잘못이든, 친구와 약속을 어기거나 집안일을 하지 않는 것처럼 작은 잘못이든 마찬가지입니다. 겁이 나더라도 "내가 잘못했어. 미안해"라고 말하는 것이야말로 일을 바로잡는 첫걸음입니다. 상황이 나빠지지 않도록 하기에 가장 좋은 방법이기도 하죠.

사과하기의 요령

이제 자기 잘못을 책임지는 일이 왜 중요한지 이유를 알았어요. 그런데 그러려면 제일 좋은 방법은 뭐죠? 상대가 너무 속상한 나머지 여러분의 말을 들으려고 하지 않는다면, 이메일이나 문자 메시지를 보내는 방법도 괜찮아요.

하지만 진심으로 잘해보고 싶다는 뜻을 보이며 직접 나누는 대화만큼 좋은 방법은 없죠. 뜻을 전하고자 준비됐다면 여러분의 좋은 뜻이 괜히 변명에 휘말리지 않도록 신경 쓰며 다음의 방법을 따라 해보세요.

1. 진심으로 들어요

상황이 이미 걷잡을 수 없이 나쁘다면, 듣기 실력을 있는 대로 발휘하세요. 상대의 말을 끊거나 자기 생각을 말하려 들지 말고 상대가 스트레스를 풀도록 내버려 두세요. 상대가 들을 준비가 됐다면 틈을 봐서 얼굴을 직접 보고 사과합니다.

2. 잘못을 밝혀요

대화를 시작하며 무슨 잘못인지 똑바로 말하세요. 동생 친구들 앞에서 동생이 열 살 때까지 이부자리에 실수했다고 말하는 잘못을 저질렀나요? 어쩌다 그 말이 나왔는지 설명하는 과정은 뺍시다. 잘못을 모르는 척하는 건 사실 진정한 사과가 아니에요. 그러니까 사과를 시작하며 "그렇게 말해서 정말 잘못했어. 왜 화 났는지 이해해"라고 말하세요. 제대로 사과하려면 어떤 말이나 행동이 잘못됐는지 자신도 안다고 상대에게 알려야 해요.

3. 책임을 져요

사과하면서 '만약'이나 '그런데'라는 말이 들어가면 제대로 책임지는 게 아닙니다. 다음과 같이 말한다고 칩시다. "어젯밤에 같이 나가기로 한 약속을 깨서 미안해. 그런데 맷이 갑자기 찾아오는 바람에……"라거나 혹은 더 나쁘게 "만약 내가 어젯밤에 안 나가서 속상했다면 미안해. 그런데 말이야……"라고 말이에요. 그건 제대로 사과하는 게 아닙니다. "마음 아팠다면 미안해"라며, 상대가 마치 지나치게 예민하다는 듯 탓하는 말이에요. 상대를 아프게 했고,

그러지 않았다면 이런 대화를 나누지 않아도 됐을 걸 뻔히 알면서 하는 말이죠. 친구가 그 일에(그리고 여러분에게) 마음을 풀기를 바란다면 상대의 상처받은 기분을 인정하는 것부터 시작해야 합니다. 그러려면 잘못을 인정해야만 하죠.

4. 뉘우침을 보여요

"그래, 내가 바람맞혔어. 미안하게 됐네!"라고 말하면 사과가 아니랍니다. 상대의 기분을 깎아내리고 무시하는 말이죠. 잘못을 진심으로 뉘우친다고 알려야 합니다. "기다리는 걸 알면서 전화조차 안 한 건 정말 최악의 행동이었어. 진심으로 미안해"라는 식으로 말해보세요. 이것이 상대가 어떤 기분인지 여러분도 알며 일을 잘 풀고 싶다고 알리는 길입니다.

5. 달라지겠다고 약속해요

같은 잘못을 되풀이하지 않도록 진심으로 노력할 생각이 없다면 사과는 아무 뜻이 없어요. 상대는 여러분을 믿어도 된다고 확신을 갖고 싶어 해요(먼저 책임부터 져야 한다는 얘기로 돌아가는군요). 사과할 때 다음과 같은 말을 넣으면 정말 도움이 됩니다. "뭘 잘못했는지 알아. 다시는 그런 일이 없도록 최선을 다할게"라고 말이에요. 그러면서 그 말에 진심도 담아야죠. 집에 돌아올 시간을 어겨서 부모님께 죄송하다고 하면서 시간을 잊지 않도록 스마트폰에 알람을 맞추는 모습도 보였어요. 그런데 일주일 뒤 토요일에 약속보다 두 시간 늦게 어슬렁어슬렁 들어오면 안 되죠. 여러분을 향한 믿음이 무너지고 말아요. 나중에 부모님이 여러분의 사과를 받아줄 마음도 사라지죠. 뭐 하러 믿어주시겠어요?

6. 잘못을 바로잡으려고 노력해요

틈날 때마다 상대에게 입힌 상처나 손해를 되돌릴 방법을 찾아 보세요. 나를 다시 좋아해 달라고 뇌물을 바칠 궁리 따위여서는 안 돼요. 자신의 잘못을 정말 신경 쓰며 뉘우치고 있다고 알리는 일입 니다. 친구를 바람맞혔다면 주말 하루는 친구와 종일 어울리며 친 구가 좋아하는 걸 함께하면 어때요? 그러면 여러분이 친구와의 관 계를 진심으로 신경 쓰고 있다고 보여줄 수 있겠죠. 아빠 차를 빌려 쓴 뒤 뒷좌석에 음료수 캔이 굴러다니는 상태로 되돌려줘서 아빠 가 속상해할 때도 마찬가지예요. 다음 날 차 안팎을 깨끗이 청소하 겠다고 하세요. 그러면 여러분이 차를 빌려 쓰는 일을 당연하게 여 긴다고 아빠가 생각하지 않으시겠죠. 그렇다고 작은 잘못을 했을 때도 이 방법을 지나치게 쓸 필요는 없어요. 이를테면 남자 친구에 게 농담이 썰렁했다고 무안을 줬을 땐 미안하다고 말로 사과하면 됩니다. 말실수를 갚으려고 옷을 사준다든지 일주일 내내 점심을 챙겨준다든지 할 필요는 없어요. 남자 친구도 여러분이 그렇게까지 애써야 한다고 느끼도록 하면 안 되고요.

사과를 거절당했을 때 할 일

안타깝게도, 상처받은 사람이 아직 너무 화가 나서 용서는커녕 잊을 수도 없다면 아무리 진심을 담아 능숙하게 사과한다고 해도 퇴짜를 맞겠죠. 최선을 다해 사과했는데도 상대가 거절하거나 전혀 알아주지 않는다면 마음을 가라앉힐 시간이 좀 더 필요할지도 모릅니다. 시간을 1~2주 두었다가 다시 한번 사과해 보세요. 끈질기게 노력하면 화해를 우선하는 모습이 상대의 눈에도 보이겠죠. 다시 거절당한다면 상대가 더는 여러분과 엮이지 않겠다고 결심한 마음을 받아들이는 것이 좋을지도 몰라요. 적어도 상대의 상처가 나을 때까지는요. 이런 일은 잘못에 당연히 따라오는 결과랍니다.

상대가 사과를 어떻게 받아들일지는 우리 뜻대로 되지 않아요. 그래서 사과는 용서를 구하는 데 목적을 두면 절대로 안 됩니다. 일이 잘 풀리면야 좋죠. 하지만 관계가 결국 완전히 좋아지지 않아도 사과는 성공할 수 있어요. 참된 사과는 자신의 잘못을 알고 진심으로 뉘우치고 있다는 점을 상대에게 전하는 것이지, 속상한 사람을 달래주는 게 아니랍니다.

미안하다고 사과하는 말을 습관처럼 내뱉을 때가 너무나도 많습니다. 상처를 주고 미안하다고 사과하는 말은 누군가의 음료를 엎질렀을 때 사과하는 말과 같으면 안 됩니다. 음료를 엎었을 땐 그 일이 일어나자마자 "어머, 죄송해요. 제가 치울게요!"라고 얼른 사과하면 딱 맞아요. 하지만 절친한 친구에게 (의도했든 안 했든) 망신을 주고 "이런, 미안"이라고 사과하며 대충 서둘러 지나가려고 한다면 통하지 않습니다. 사과를 절반만 하다 만 거예요. 자신이 잘못했고 그렇게 말하면 안 되는 줄 알면서도 친구가 받은 상처를 제대로 헤아리지 않았잖아요.

자기 잘못을 남에게 인정하기는 쉽지 않습니다. 남의 잘못을 자신에게 인정하게 만드는 것은 그보다 더 어렵죠. 그런데 사람은 누구든 일을 그르칠 때가 있습니다. 누구나 부족한 점이 있어요. 누구나 남에게 신경 거슬리고 상처가 되도록 말하고 행동합니다. 자기 잘못을 스스로 알아차리지 않는 한, 잘못을 자꾸 되풀이하지 않기는 정말 어려워요.

그래서 제대로 사과를 하면 설령 받아들여지지 않더라도 내가 사과했다는 사실 자체에 기분이 나아집니다. 상대가 화내지 않도록 입막음이나 하려는 게 아니라 자기 잘못에서 뭔가를 배웠거든요. 그보다 중요하게, 자신이 화나게 한 사람뿐만 아니라 그 문제에 얽힌 사람 모두에게 다음과 같은 사실을 증명해 보입니다. 여러분은 스스로의 행동에 책임을 기꺼이 지는 사람이라는 점이죠.

존중과 진심이 담긴 사과받기

사귀는 사람이나 친구 사이에서, 모든 일에 미안해하며 끊임없이 사과하고 있다고 느껴본 적 있나요? 조심하세요. 위험한 빨간불일 수 있거든요. 상대가 여러분을 조종할 때 알게 모르게 자기를 우위에 두며 흔히 쓰는 수법이에요. 만약 상대가 여자보다 더 우월하게 타고난다고 믿는 남자라면 이 사회의 힘이 어느 쪽에 놓였는지도 짚어볼 만합니다. 우리 사회는 여자나 소수자가 좀 더 자주 미안함을 느껴 사과해서 평화를 지켜야 한다고 느끼도록 만들어졌어요. 무조건 늘 사과하는 듯한 사람이 자신이라면, 그건 불평등한 사이랍니다.

사과를 받아달라고 굽실거리거나 애걸복걸할 필요도 없습니다. 용서가 늘 정해진 게 아니라는 사실은 앞에서도 벌써 얘기했죠. 하지만 상대가 용서를 빌미로 여러분이 발을 동동 구르며 애태우게 한다면 그건 안 될 일입니다. 여러분도 사과받을 자격이 있어요. 그리고 사과는 존중받고 진심으로 헤아려져야 마땅하지, 누군가 무엇을 얻어내는 협상 카드로 이용되어서는 안 됩니다.

여러분이 사과받는 사람이라면 자신도 모르게 "괜찮아"라고 말하기 전에 잠시 생각해 보세요. 정말 괜찮나요? 상처받은 점이 사과에서 잘 드러났나요? 아니면 덧붙일 말이 있었나요? 다시 말하지만, 괜한 문제 만들지 말라는 사회의 뜻에 휩쓸려 자신에게 마땅한 결과를 얻지 못하는 일이 없어야 합니다. "기분이 다 괜찮진 않아. 시간이 좀 필요해. 그래도 사과해 줘서 고마워" 정도로만 말해도 괜찮습니다. 그렇게 말하는 편이 "됐어"라고 말한 뒤 속을 부글부글 끓이는 것보다 훨씬 솔직합니다. 상대도 여러분의 생각을 알아서 다행이겠죠.

한계를 인정해요

앞뒤가 안 맞는 것 같지만, 모든 일을 잘하려고 할수록 실수하게 되는 일이 흔합니다. 모든 걸 양손 안에서 잘 굴리려고 할수록 뭔가를 떨어뜨리기 쉽죠. 게다가 여러분도 이 책에서 만난 여학생들과 조금이라도 비슷하다면 아마 모든 걸 제대로 해내야 한다는 강박 속에 사느라 미칠 지경일지도 모릅니다. 대외 활동을 수없이 해서 원하는 대학에 들어가기를 원해요. 그래서 축구팀에서 오랜 시간 연습하고, 학생회 간부로 일하고, 나머지 오후 시간을 쪼개 동네 동물 보호소에서 봉사하죠. 그러면서 틈틈이 집안일도 맡아 하고, 가족과 저녁도 먹고, 아르바이트도 하고, 친구와도 그럭저럭 어울리려고 애쓰는 등 학교생활과 성적을 관리하는 동시에 이 모든 일을 해냅니다.

이보다 더 복잡한 일들을 넣어보죠. 이를테면 어린 동생들을 돌봐야 하거나 이혼한 엄마와 아빠 사이를 오가며 지내야 하거나 아니면 열심히 일해서 집세에 보태야 하거나 등등…… 와! 정말 많네요. 그 정도의 부담이라면 뭔가 놓치는 것이 쉽게 생기기 마련입니다. 과제를 잘못 알거나 약속을 겹쳐 잡아요. 아르바이트 가게 주인이 근무 시간을 안 바꿔줘서 운동 연습에 빠지죠. 아니면 다른 식으로 사람들에게 실망을 안깁니다.

그런데 그건 부모님의 잘못도, 친구의 잘못도 아니에요. 여러분의 바쁜 일정에 틈을 한번 내달란고 해서 여러분에게 뭘 많이 바라는 건 아니죠. 여러분 자신이 하기 나름이에요. 스스로 한계를 알고 적절히 책임지며 짜임새 있게 행동하고 실수를 인정하는 거죠.

1990년대 초, 티나는 겨우 열여섯 살이라는 나이에 '버즈'라는 컨설팅 회사를 차려 10대 청소년 트렌드를 조사하는 사업을 시작했어요. 창업 초기에는 미국 전역에서 청소년 트렌드 조사원과 제품 평가원을 뽑아 나이키 같은 패션 대기업에 10대 소비자가 무엇을 원하는지 알려주는 방식으로 사업했죠.

현재 이 회사는 100억 원에 가까운 매출을 올리는 '버즈 마케팅 그룹'으로 커졌어요. 조사 대상 연령은 6~30세 사이로 범위가 넓어졌고, 세계 20여 개 나라에 조사원을 뒀어요. 10대 고등학생으로서는 정말 대단한 일이죠. 뭐…… 그렇긴 '했죠'. 티나는 고등학교를 반에서 1등으로 졸업하고 대학에 지원하면서 우리 돈 20억 원 규모의 사업도 운영했어요. 그 과정에서 자신의 한계를 인정하는 부분을 많이 배웠죠.

여태껏 살면서 실수를 인정해야 한다고 생각한 적은 거의 없어요. 늘 다른 사람의 잘못으로 돌렸죠. 그런데 나이가 들수록 빡빡하게 관리했던 일정 탓에 실수가 늘어나기 시작했어요. 열여섯 살 때부터 사업을 했기 때문에 학교와 운동, 다른 교외 활동, 그리고 회사에 필요한 일 사이를 끊임없이 돌고 도는 데 익숙했어요. 게다가 졸업생 대표도 맡았기 때문에 잘하고 있는 줄 알았어요.

대학에 가서도 그 일정대로 똑같이 지키려고 했죠. 그런데 알고 보니 너무 힘든 일이더군요. 학교 수업 말고도 교내 신문사 편집자, 수많은 동아리의 회원, 교내 육상선수 활동뿐만 아니라 회사 사장 지위도 지키려고 했죠. 심지어 다음 해 신입생을 위해 지역 봉사활동을 운영하는 일도 맡았어요. 그 일만으로도 시간이 꽉 찼죠. 모든 일에 지나칠 만큼 책임을 다했고, 제가 속한 단체들은 하나같이 제가 자기들을 제일 먼저 생각해 주기를 바랐어요. 일정이 겹치기 시작했고 저도 제가 원하는 대로 다 할 수 없다는 것을 깨닫기 시작했죠.

하지만 저는 사람들을 원망하며 사실을 있는 그대로 보지 않았어요. 제가 일을 지나치게 했다는 사실 말이에요. 사람들이 조금만 더 융통성 있게 이해해 준다면 제 할 일을 다할 수 있을 것처럼 느꼈어요.

지역 봉사활동 리더(지도 교수님이기도 했던 분)와 회의를 하면서 그동안 몇몇 일들에 충실하지 못한 것에 대한 변명을 늘어놓았던 기억이 나요. 그때 교수님이 해주셨던 말씀을 잊은 적이 없어요.

"티나, 잘못했을 땐 잘못했다고 인정해야 해요. 제일 쉽게 할 수 있는 일은 잘못했다고 말하고 할 일을 계속하는 겁니다. 그러면 그걸로 끝나죠. 변명하기 시작하면 사람들이 화내게 되고 문제가 오래가요. 실수를 인정하는 법을 배워봐요."

그 뒤로 실수가 더 늘었죠. 하지만 늘 인정했어요. 실수를 인정하는 태도는 사업에도 들여왔답니다. 직원들도 변명하기보다 실수를 인정할 줄 알아요. 저는 실수를 인정한 덕에 꾸밈없고 솔직해졌죠. 뭐든 잘하는 사람이 되려고는 하지 않았어요. 제 정직함을 사람들도 정말 좋게 봐줘요. 저도 제 정직한 모습이 좋답니다.

성공하려면 뭐든 다 해야 한다고, 세상은 우리를 정말 잘도 꼬드기죠. 그런데 누구에게나 한계가 있어요. 그래도 괜찮습니다. 약속해 놓고 어기면 그 뒤에 우리가 엉망으로 남긴 일에 사람들이 화를 내겠죠. 하지만 현실에 맞게 한계를 정한다고 해서 잘못했다고 나무랄 사람은 아무도 없습니다. 오히려 자기 능력을 잘 아는 사람이라고 존중해 주겠죠.

마음에서 내려놓는 법 배우기

뭐든 한입에 욱여넣는 식으로 욕심내고 싶지 않다고 해서 자신에게 한없이 관대해져야 한다는 말은 아닙니다. 언젠가 제 친구가 스키 이야기를 꺼내면서 "넘어져 봐야 스키를 제대로 배우지"라고 말한 적이 있어요. 사실입니다. 산을 높이 오를수록 산길이 험해져서 비틀거릴 일이 많아져요. 바닥에 넘어져 코가 깨질 수도 있죠. 그렇다고 해서 새로운 일은 두렵고 잘 못할지도 모르니 미리 피하라는 말은 아니에요.

잘못을 인정하고 진심으로 사과하는 법을 배우는 게 아주 중요한 이유가 있어요. 잘못한 일 때문에 끊임없이 괴로워하는 상태에서 벗어날 수 있기 때문이죠. 불안 증세가 있거나 되새김으로 괴로워한다면 특히 중요합니다. 되새김은 부정적인 생각 하나만 집중적으로 자꾸 떠올리는 증세를 말해요. 같은 상황을 머릿속에 계속해서 되새기며 더 좋은 해결 방법이나 말은 없었을지 이것저것 자꾸 그려보는 증상이 있죠. 이런 강박 충동을 누그러뜨릴 방법은 진심으로 사과하고 벌어진 상황에 책임을 지는 겁니다. 그러면 나중에 주의해야 할 부정적인 생각이 줄어들죠. 중대한 정신 건강 문제를 단번에 고칠 처방전은 아니에요. 하지만 그 상황에서 최선을 다하고 공감하는 태도로 스스로를 대해 보세요. 그러면 불안한 마음이 조금 사그라들며 자신을 괴롭히지 않게 됩니다.

여러분이 학교 연극의 무대 설치 팀에서 일한다고 칩시다. 그런데 연극의 중간 휴식 시간 바로 직전에 커다란 배경 소품을 쓰러뜨리고 말았어요. 다행히 막이 바로 닫혔지만 함께 일하는 친구들이 허둥지둥 뛰쳐나와 도와줘야만 하죠. 게다가 청중의 웃음소리가 들리니 기분이 더 나아지지는 않네요.

자, 어떻게 하시겠어요? 창피해서 이번 연극을 마지막으로 고등학교 생활 내내 다시는 무대 설치 일을 하지 않을 건가요?

그러지 않았으면 좋겠어요. 무대 일을 정말 좋아한다면 특히나 더요! 그 대신 무대 배경을 다시 세우는 데 힘을 보태줘서 고맙다며 덜렁거려서 미안하다고 동료들에게 사과합니다. 그리고 나머지 시간 동안 더 주의하겠다고 약속하면 됩니다.

물론 그 일로 비난을 좀 받을 수도 있죠. 하지만 사람들을 제대로 마주하고 자신이 칠칠하지 못했다고 인정한 뒤 털털하게 웃어넘기면 사람들도 더는 문제 삼지 않습니다. 인간적으로 인정한 사실에 감탄할지도 몰라요. 그리고 자신들의 실수에도 마음이 좀 더 편해지겠죠.

계속해서 기분 나빠 하고 있으면 부정적인 생각에서 헤어날 수 없습니다. 무대에서 바보처럼 보였다고 괴로워하면 너무 당황해서 또 실수하거나 여러분의 잘못만 사람들에게 되새길 뿐이에요. 실수를 영원히 안고 살며 자꾸 떠올리고 자신을 끊임없이 벌주지 않아도 됩니다. 건강에 해로워요. 만약 생각이 자꾸만 그쪽으로 흘러간다면 친구나 부모님, 상담사와 대화를 나누어 봅시다. 그렇지 않다면 실수를 자기 자신과 모두에게 인정하고 진심으로 사과해서 마무리한 다음, 나중에 어떻게 하면 실수하지 않을지 생각해 보세요. 그러면 어마어마한 뒷감당을 걱정할 필요 없이 자유롭게 시도하고 실패할 수 있어요. 그 과정에서 여러분이 원하는 사람이 되는 법을 배울 수 있답니다.

:: 나의 지금 모습 살피기 ::

♥ 진심으로 미안하다고 사과하나요? 최근에 누군가에게 미안하다고 말한 때를 떠올려 보세요. 무슨 일로 사과했죠? 스스로가 하는 말을 믿었나요? 잘못한 점이 무엇인지 분명히 인정했나요? 비난을 달게 받고 자신이 옳다고 생각하며 '만약'이나 '그렇지만'이라고 하지 않았나요? 겪은 대로 적어보세요. 상대는 어떻게 반응했나요? 사과를 받아들였나요? 받아들이지 않았을 경우, 이 장을 읽고 난 뒤 뉘우치는 느낌을 더 잘 전달할 수 있다고 생각하나요? 이젠 말이나 행동을 어떻게 달리하시겠어요? 상대가 여러분의 사과를 정말로 깊이 생각하나요? 아니면 여러분 잘못을 계속 마음에 담아두나요?

♥ 별로 사랑스럽지는 않은 일기를 써봅시다. 자신이 누군가를 말이나 행동으로 기분 나쁘게 할 때마다 날짜와 내용을 쓰세요. 각 내용에는 다음 질문의 답을 적어봅시다. 말이나 행동이 어땠나요? 자신이 어긴 핵심 가치는 무엇인가요? 누구에게 상처 줬나요? 말이나 행동이 상대를 마음 아프게 하리란 걸 알았나요? 같은 일이 또 일어날 수 있다고 생각하세요? 기분이 좋진 않아도 잘못을 적어보면 어느 부분에서 잘못했는지 정확히 아는 데에 도움이 됩니다. 자신이 어떤 사람인지 솔직히 헤아릴 기회도 되죠. 글로 적어본 그 사람이 마음에 드나요? 다른 사람들도 여러분을 그렇게 생각했으면 좋겠어요? 이렇게 스스로 들여다보는 과정을 거치면 잘못을 기회 삼아 발전할 수 있어요. 나쁘게 되풀이하는 행동 방식도 전보다 더 잘 알고 없앨 수 있죠. 실수를 적어 남기면 마음속에서 꺼내놓고 다른 일로 넘어갈 기회도 돼요.

제때 잘못을 인정하고 진심으로 사과합니다. 그러면 다른 사람과의 사이를 되돌릴 뿐만 아니라 나중에 문제를 일으키지 않는 법도 배우게 되죠. 잘못했다는 생각에 스스로를 괴롭히는 건 아무 도움도 되지 않아요. 실수와 실패는 사람으로서 자연스러운 일에 속한다는 점을 기억하세요. 그러니 일을 망쳤다면 자신이 할 수 있는 만큼 상황을 바로잡고 다른 일로 넘어갑시다. 만약 다음으로 넘어가기 힘들거나 부정적인 생각의 늪에 빠져 건강을 해치고 있다면 상담사에게 도움을 청하거나 자신을 사랑하는 법을 실천해 보세요. 이러한 노력으로 더 나은 사람이 될 수 있습니다.

How to Win Friends and Influence People for Teen Girls

8장

최선을 이끄는 리더가 되세요

무언가에 설득되거나 명령받는다는 느낌을
좋아하는 사람은 아무도 없다.
사람은 스스로 결정하고 행동하기를 훨씬 좋아한다.
자신의 소망이나 욕구, 생각을 물어봐 주기를 원한다.

• 데일 카네기 •

배운 원칙들을 실천하세요

✦

    속으로 잠깐 물어봅시다. 누가 제일 존경스럽나요? 끝내주는 목소리와 남을 돕는 일로 잘 알려진 가수? 만나는 사람마다 친절을 베푸는 친구? 힘 있는 정치인? 선생님이나 의사, 또는 아르바이트 가게의 사장님? 누구든 여러분의 존경심을 자아낸다면 그 사람은 분명 리더가 맞습니다. 리더는 자신이 지닌 그 무엇 덕에 사람들 사이에서 돋보이고 최선의 결과를 끌어냅니다. 이 책에 나온 원칙을 날마다 따르며 살아보세요. 그러면 여러분도 리더의 능력을 발휘하기 시작할 거예요. 이번 마지막 장에서는 지금껏 배운 원칙을 모두 모아봅니다. 그동안 배운 요령들을 어떻게 써야 도움을 얻고 최선의 결과를 이끌며 마음속으로 원하는 사람이 될지 살펴볼 예정이에요. 숨을 크게 한 번 쉽시다. 내용이 많아 보일 수도 있어요. 하지만 여기까지 왔다는 사실만으로도 이 책을 끝까지 읽어서 앞으로 사는 동안 실제로 변화를 이루겠다는 다짐을 보인 셈이랍니다.

누구나 도움이 필요해요

진정한 리더가 되면 책임도 무거워지기 마련입니다. 어쩌면 편안하기만 한 처지에서 벗어나 학생회 선거에 나서보기로(인기투표라고는 생각해도) 마음먹을지 모르겠네요. 아니면 이번엔 전 과목 A만 받는 학기가 될지도 모릅니다. 앞으로 발걸음을 어떻게 내딛든, 그 길을 가려면 도움이 필요해요.

그런 도움을 얻어야 할 상황이 되면 진정한 리더는 도와달라고 요구하지 않아요. 부탁하죠. 정말이에요. 미국의 대통령조차 국회에 명령만 따르라고 요구해서는 안 돼요. 조심스럽게 의논해서 조절해야죠. 여러분도 그래야 하고요. 다른 사람에게 이래라저래라 지시받는 걸 좋아하는 사람은 아무도 없습니다. 누구든 자신의 시간과 선택, 인생에서 주인이라고 느끼고 싶죠(1장에서 하지 말라고 강조한 세 가지 행동을 기억하세요. 사람들이 너도나도 도와주고 싶게 하려면 좋은 방법은 아니랍니다). 엄마가 거실 벽에 페인트를 칠하는 일이나 동생을 친구 만나는 곳까지 차로 데려다주는 일을 기꺼이 하고 싶어요. 아마도 도와달라고 부탁받았을 때 그런 마음이 들겠죠. 페인트 붓을 집어 들라거나 차에 올라타라는 명령을 듣는 것 말고요.

음, 양쪽에 통하는 이야기겠네요. 책임이 무거워질수록 다른 사람의 도움을 더 많이 받아야 목표를 이룰 수 있어요. 부탁이 아무리 자잘해 보여도 어떻게 말하느냐에 따라 필요한 도움을 얻을 수 있을지 아닐지 결정됩니다. 그런데 안타깝게도 누구든 제대로 생각하지 않고 입을 열 때가 있어요. 그러면 다음과 같은 말을 내뱉고 맙니다.

- "아빠, 오늘 저녁에 입게 저 셔츠 좀 다려놔요. 두 시간 뒤면 합창 공연이에요!"
- "니아, 생물 시험 공부하게 옆에서 도와줘. 안 그러면 분명 시험을 망치고 말 거야."
- "제이슨, 자동차 열쇠를 찾도록 당장 도와줘. 일하러 가는데 늦게 생겼어!"

자, 보세요. 다른 사람의 도움에 기대죠. 그러면서도 2장에서 배운 기본, 즉 상대가 중요하고 고마운 사람이라고 느끼게 해주는 원칙을 잊고 있네요. 이제 이런 문제는 쉽게 고칠 수 있어요. 도와달라고 요구하는 대신 부탁하면 됩니다. 당연한 말이죠. 하지만 급한 상황에서 스트레스를 받을 때는 그 흔한 예의나 배려가 특히 어디론가 사라질 수 있어요. 다음과 같이 말을 바꾸기만 해도 어떤 반응이 돌아올지 상상해 보세요.

- "아빠, 시간 되시면 합창 공연에 입고 갈 셔츠 좀 다려주실래요? 숙제를 다 하고 가려는데, 수학 숙제가 아직 많이 남았어요. 정말 감사해요. 아빠가 계셔서 천만다행이에요."
- "니아, 내일 생물 시험 걱정이 태산이야. 옆에서 공부 좀 도와주지 않을래? 네가 도와주면 정말 큰 힘이 될 거야. 다음에 네가 공부할 땐 내가 꼭 도와줄게."
- "제이슨, 자동차 열쇠 좀 같이 찾아줄래? 이러다 일에 늦을라. 분명 여기저기 다 찾아봤는데도 없어. 같이 찾아주면 큰 도움이 될 거야."

뭔가 필요하다는 점은 변함없지만 필요한 대로 될지 말지 가능성은 확실히 변했죠. 사람들은 자신이 해야 할 일인 줄 알면서도 도와달라고 부탁받으면 좋아해요. 그러면 우리는 통제하지 않는 상황도 통제하는 기분이 들어요. 상대를 존중하는 마음도 보이게 되죠. 앞서 배웠다시피 자신이 중요한 존재로 존중받는다는 느낌은 커다란 동기가 됩니다. 그래서 누군가에게 부탁하면 그 사람이 중요하고 필요하며 믿을 만하다고 느끼게 해주죠. 꼭 하거나 억지로 해야 한다고 느끼게 하기보다는 훨씬 좋지 않나요?

당연한 듯 요구하지 않는 방법은 한 가지 더 있어요. 3장에서 배운 요령을 써서 관심을 불러일으키면 됩니다. 미국 작가 마크 트웨인이 소설 『톰 소여의 모험』에서 쓴 방법이에요. 소설의 주인공 톰 소여는 울타리에 페인트칠을 하기가 싫었어요. 그래도 친구들에게 불평하지 않았죠. 그랬다면 도와주려는 사람은 애초에 아무도 없었을 거예요. 그 대신 중요하고 가치 있는 일을 하게 되어 영광스러운 척합니다. 그러자 금방 수많은 친구가 몰려와서 서로 그 일을 하겠다고 싸워요. 친구들이 그 일에 흥미를 보이게 해줬더니 도움을 요구하기는커녕 부탁할 필요도 없었죠.

펜실베이니아에 사는 고등학교 1학년생 홀리는 이 요령을 직접 실천했어요. 데일 카네기 프로그램인 청소년 리더십 강좌를 들은 뒤였는데, 이 강좌는 10대 청소년이 자신감과 리더십 기술을 기르도록 도와주는 프로그램이었죠. 학교 출판부를 책임지던 홀리는 함께 일하는 부원들이 분발하도록 자극할 필요가 있었어요.

그날도 출판부 동아리방에 앉아서 부원들에게 일 좀 하자고 보채고 있었어요. 해야 할 일을 나서서 하려는 사람은 아무도 없고, 일할 마음이 나도록 북돋는 계기도 전혀 없었죠. 그러다가 데일 카네기와 열정 이야기가 생각났어요. 열정이 부원들에게도 전달될지 시험해 보기로 마음먹었죠. 부원들에게 나눠주려고 했던 일을 아무리 하찮아도 활기차고 긍정적으로 보기 시작했어요. 세상에서 제일 중요한 일처럼 하나하나 대했죠. (부원들이) 일을 마치고 제게 가져올 때, 각자 태도에서 확실히 변화가 느껴졌어요. 저는 일을 마칠 때마다 아주 잘했고, 도와줘서 고맙다고 꼭 말해줬어요. 그 뒤로 부원들 대다수는 제가 나눠주는 일에 더 열을 올리며 꼭 맡고 싶어 했어요. 일을 해결하는 돌파구가 됐죠. 부원들 대다수의 열정과 협력을 얻어낸 것 같은 느낌이 들어요.

물론 일은 꼭 해야만 했죠. 하지만 홀리는 부원들을 탓하고 윽박지르고 졸라대거나 괴롭혀서 자신을 등지게 하는 대신 열정의 기술을 써서 리더십을 발휘했어요. 부원들 저마다 중요한 사람이라고 느끼도록 해줬고 모두 일을 잘해낼 거라고 믿어줬죠.

시시콜콜 챙기지 마세요

뭔가를 부탁하며 사람들을 들뜨게 해도 상대가 일을 받아들이

자마자 명령이나 내리려고 한다면 아무 소용 없습니다. 훌륭한 리더들은 도와달라고 부탁하는 말이 칭찬하며 믿는다는 말로 들리게 하려면 어떻게 해야 할지 압니다. 사람들은 자신이 중요하고 필요하며 존중받고 믿을 수 있는 존재라고 느껴야 한다는 걸 기억하세요. 홀리가 부원들에게 일을 나눠준 다음 틈만 나면 하나하나 챙기고 간섭했다면 부원들이 열정을 얼마나 보였을까요? 별로 안 보였겠죠. 그런데 홀리는 부원들을 믿어주며 중요하고 도움이 되는 존재라고 느끼게 했어요. 시시한 사람이 아니고요.

이런 생각은 자잘한 일을 부탁할 때 두 배는 더 도움이 됩니다. 언니가 세탁기를 돌릴 때 내 빨랫감을 함께 돌려달라고 부탁한다고 합시다. 그때 "꼭 향이 없는 세제랑 찬물을 쓰고 건조기에는 섬유유연제 시트를 두 장 넣어야 해"라고 덧붙이면 안 됩니다. 사귀는 사람이 요즘 왜 이상하게 구는지 친구가 나서서 물어봐 주었으면 하나요? 그러면 친구에게 이래라저래라 하지 마세요. 친구가 중간 역할을 할 만하다고 생각한다면 제대로 말해주리라 믿을 수 있어요.

사람들이 여러분의 부탁에 각자 나름대로 반응할 자유를 주는 건 중요해요. 혹시 모르죠. 기발한 생각으로 여러분을 깜짝 놀라게 할 수도 있거든요.

저는 웬만하면 일을 도맡아 하는 게 좋아요. 최근 생물 시간에 어떤 애랑 과제를 같이했는데, 알고 보니 그 애도 저처럼 일을 도맡는 쪽이더라고요. 그 애는 우리가 해야 할 일을 낱낱이 말해줬어요. 자기가 알아서 이것저것 다 계획했죠. 전 너무 속상했어요. 그 애는 일만 시켜놓고 제 말을 들을 생각이 전혀 없었어요. 그 애가 질문하면 제가 의견을 내요. 그러면 그 애는 자기 생각이 얼마나 좋은지 짚고는 제가 말한 걸 싹 무시했어요. 정말 짜증 났어요.

— 펜실베이니아에서, 15세 케이트

저런, 그렇죠. 그러면 누구든 짜증 나죠. 사람은 상대가 나의 지성과 창의성, 능력, 판단력을 높게 평가하기 때문에 나에게 도움을 요청한다고 생각하고 싶어 해요. 케이트의 짝꿍은 그렇게 알아주지 않았어요. 그래서 케이트의 마음을 상하게 하고, 본인 수준에서는 상상할 수 없을 만큼 대단했을지도 모를 케이트의 의견도 놓치고 말았어요. 어쩌면 케이트는 과제 결과를 기가 막히게 보여줄 방법이나 실험 시간을 절반으로 줄일 만한 요령을 알고 있었을지도 몰라요. 케이트의 짝꿍은 영영 알 리 없겠죠. 상대의 말을 귀담아듣는 기본 예의를 갖추지 않았으니까요.

시시콜콜 챙기는 태도는 적극적 듣기에서 가장 중요한 원칙을 가볍게 무시해 버립니다. 누구에게든 배울 점과 새로운 생각이 있다는 사실을 기억해야죠. 물론 상대는 여러분과 다른 방식으로 일하고 싶어 할지도 몰라요. 하지만 그래야 새로운 생각도 나오고 발전이 생긴답니다. 나중에 다른 사람에게 도움을 부탁할 일이 있다면 상대가 제 나름대로 일하도록 능력을 존중해 주세요. 그래야 자신과 상대방 모두에게 좋은 결과가 생깁니다.

상대의 공은 꼭 인정해 주세요

자, 이제 요령껏 잘해서 사람들을 여러분 쪽으로 움직였어요. 바라던 도움을 드디어 받았군요. 다만 한 가지 중요한 단계가 남았어요. 상대의 공을 품위 있게 인정하고, 도와줘서 고맙다고 상대에게 (다른 사람들에게도) 알리는 겁니다. 합창 공연에 가려고 현관을 나서는데 오늘 의상이 아주 산뜻해 보인다고 엄마가 말씀하시나요? 숙제를 마칠 수 있게 아빠가 셔츠를 다려주신 덕분이라고 알려드리세요. 생물 시험 성적이 잘 나왔다고 선생님이 칭찬하시네요. 그러면 니아가 공부를 도와준 덕이고, 니아의 도움 없이 잘하지 못했겠다고 말하는 게 그리 큰일은 아니죠. 일터에 아슬아슬하게 잘 도착했나요? 왜 그렇게 숨차하느냐고 관리자가 물어요. 그러면 "하마터면 늦을 뻔했는데 동생이 차 키를 같이 찾아줘서 딱 맞춰 왔네요"
라고 말한다고 해서 돈이 드나요? 전혀요.

지금 칭찬하는 사람이 옆에서 듣고 말고는 중요하지 않아요(도
움받았을 때 고맙다고 인사는 제대로 했죠?). 여러분의 성공에 누군가
보탬이 된 사실을 다른 사람들에게 알리는 건 모든 사람에게 좋은
일이에요. 좋은 말은 나쁜 말만큼이나 사람들에게 다시 돌아가는
성질이 있어요. 아빠나 친구, 오빠가 도와줘서 여러분이 고마워하
더라는 얘기를 다른 사람에게 전해 들어요. 그러면 그 칭찬은 여러
분에게 직접 들을 때보다 의미가 더 큽니다. 상대가 못 들어도 다른
사람들이 여러분의 말을 듣고 상대를 높이 평가하게 되죠. 게다가
도와준 공을 마땅히 인정할 만큼 겸손해 보이면 여러분도 좋게 보
이고요.

미국 걸스카우트 연맹 사무총장을 맡았던 프랜시스 헤셀바인도
리더 일이라면 좀 압니다. 그런데도 자기가 이뤄낸 성취에 관해서
는 언급하려 하지 않았어요. 그 대신 다른 사람들이 이룬 일에 초점
을 맞추며 다음과 같이 말했죠.

"한 사람만으로는 그 무엇도 뜯어고치지 못해요. 그 단체에 속한
사람들이 함께 일해야 단체를 뜯어고치거나 놀랄 만한 변화를 일
구죠."

헤셀바인 총장의 리더십 덕분에 미국 걸스카우트는 회원 수가

세 배로 늘었답니다.

"사람들은 저한테 그 공을 돌리려고 해요. 그런데 뉴욕에 있는 사무실에 가만히 앉아서 '다양해지라'라며 말만 한다고 되는 일은 아니죠. 미국 내 70만 명의 훌륭한 자원봉사자가 계신 덕분이에요. 그분들이 일을 맡아 계획대로 진행해 주시고, 특별한 목표에 마음을 움직여 실천해 주신 덕분에 가능한 일이죠."

'그분들'도 훌륭한 리더에게 지도받은 게 틀림없죠. 그 리더는 사람들에게 도와달라고 부탁하고, 하고 싶다는 의지를 불러일으킬 줄 알고요. 헤셀바인 총장은 걸스카우트 직원과 자원봉사자에게 공을 돌림으로써 왜 자신이야말로 그런 리더인지 보여줬어요. 사람들이 보탬이 되어 중요한 존재라고 느끼도록 해주면 혼자 칭찬에 흠뻑 젖는 것보다 얻는 점이 훨씬 많다는 사실을 알았죠. 다른 사람들의 노력을 인정하고 칭찬해 주는 말은 자신에게도 좋게 돌아오기 마련이랍니다.

다른 사람의 공을 인정하고 칭찬하는 실력이 제대로 쌓였다고 칩시다. 그러면 여러분이 원하는 것은 애초에 상대가 떠올린 생각과 같다고 상대를 이해시킬 수 있을지도 모릅니다. 여러분이 학교에서 국제 인권 보호 단체 활동을 시작하고 싶어요. 그런데 친구들은 자원봉사 활동은 쓸모없다고 생각하네요. 그럴 땐 그 단체가 도와준 사람들 이야기를 친구들에게 들려주면 어떨까요? 동남아시아에서 결혼을 강요당한 소녀를 구한 얘기를 듣고 나면 친구들도 '스스로' 인권 보호 활동에 당장 뛰어들어야겠다고 결론짓겠죠. 좋은 일을 실천하는 봉사 단체를 세우겠다는 목표를 이루려는데 누구에게 공이 돌아가는지가 그렇게 중요한가요? 아뇨. 전혀요. 활력이 넘치고 열정적인 활동가들이 여러분 편에 갑자기 떼로 생길 때는 더더욱 아니죠.

물론 이 방법은 작은 일에도 효과가 있어요. 이를테면 학교 댄스파티에 입고 가기에 딱 맞는 옷을 찾았다고 해봅시다. 하지만 엄마가 기꺼이 지갑을 열 만한 값에 비해 10만 원은 더 나가요. 그 자리에서 눈물을 흘려 엄마가 미안해지도록 해볼 수 있지만, 그런다고 얼마나 도움이 될까요? 과연 남부끄럽지 않고 어른스러운 행동일까요? 다른 방법을 생각해 보세요. 그러니까 엄마와 함께 백화점에 가서 그 옷을 입어보며 다음과 같이 말하는 겁니다.

"아주 마음에 들어요. 그런데 생각한 것보다 값이 더 나가네요. 이만한 건 눈에 또 안 띄어요. 여름 방학 아르바이트를 벌써 시작했다면 차이 나는 금액은 제가 낼 수 있었을 거예요. 아르바이트는 2주나 있어야 시작하지만요……."

엄마한테 손 벌린 일이 여태껏 없다면 엄마는 아마 기분 좋게 돈을 빌려주며 상황을 해결해 주시겠죠. 무엇보다도 쇼핑 전 엄마가 정해둔 가격대를 없는 셈으로 돌리려고 실랑이를 벌이는 일이 없어요. 그러는 대신 엄마에게 영웅이 될 기회를 드립니다. 모두가 이득을 보죠.

목표를 기억하면 누가 공을 인정받는지는 덜 중요해집니다. 그보다 목표를 이루어내는 게 더 중요하죠. 상대에게 이것저것 질문하고 제안하면 상대가 뚜렷한 결론을 내리도록 이끌 수 있어요. 발을 동동 구르며 소리 지르는 상황으로 상대를 끌어들이지 않아도 됩니다. 자기가 스스로 생각하게 내버려두면 상대는 웬만하면 여러분이 생각하는 대로 따라오죠.

상대를 믿어주세요

자신에 관한 말이 좋든 나쁘든 사람은 누구나 그 말을 곧이곧대로 믿으려는 버릇이 있어요. 다른 사람들이 좋거나 나쁘다고 말하면 그대로 믿는 일이 흔하죠. 다음과 같이 생각해 보세요.

여러분은 부모님이 자신을 '손재주 뛰어난' 딸, 언니는 '머리 좋은' 딸로 본다고 생각해요(혹은 그런 의심이 들어요). 그러면 부모님은 여러분이 성적표를 평균 이하로 받아 와도 화가 나서 눈썹을 치켜세우지 않으시겠죠. 그러면 다음에 특별히 노력해서 A를 받아 올 건가요? 그럴지도요. 사람들이 틀렸다고 증명해 보이면 그 나름대로 보람이 있거든요. 하지만 부모님의 기대가 낮은데 공을 들여 열심히 노력해 봤자 쓸데없다고 느낄 수도 있죠.

그런가 하면 사귀는 사람은 여러분이 세상에서 제일 재미있는 여자애라고 말해줘요. 절친한 친구는 여러분에게 늘 기댈 수 있어서 너무 좋다고 칭찬하고 다니죠. 우연히 들으니, 엄마는 여러분이 늘 정직해서 믿음이 간다고 아빠와 말씀하시네요. 그러면 여러분 기분이 어떤가요? 사귀는 사람에겐 제일 웃기고 신난 모습을 보여주고, 친구는 있는 힘껏 도와주고, 엄마에게는 선서라도 한 듯 진실만을 말하며 명예를 지키고 싶지 않나요?

여러분이 만약 세상 사람의 99퍼센트와 같다면 위의 질문에 그렇다고 답합니다. 사람은 기대치를 맞추면서 전보다 나아지거나 뒤떨어지기도 해요. 장대높이뛰기와 비슷한 식이죠. 가로대를 높이 세우면 뛰어넘으려고 기를 쓰지만, 낮게 세우면 할 만큼만 하다가 폭삭 주저앉아요. 사람들에게 최고의 능력을 기대하면 칭찬과 마찬가지의 효과를 볼 수 있습니다(2장 기억나시죠?). 따라서 자기 능력을 남김없이 펼쳐 보이고 싶어집니다.

친구가 뒤에서 몰래 여러분을 헐뜯는다고 생각하나요? 그러면 친구에게 대놓고 물어볼 수도 있겠죠. 하지만 소문이 사실이라고 해도 친구가 발뺌하기 쉬워요. 게다가 증거가 없으면 사실인지 아닌지도 절대 알 수 없죠. 만에 하나 완전히 헛짚는다면 친구가 얼마나 속이 상할지, 친구 사이가 얼마나 나빠질지 생각해 보세요. 그 친구와의 우정을 얼마나 중요하게 생각하는지 알려주며 다음과 같이 말하면 어떨까요?

"말이 샐 걱정 없이 속 터놓고 얘기할 친구가 있는 게 나한테는 아주 중요해. 남들이 뒤에서 쑥덕거리면 마음이 얼마나 아픈지 몰라. 넌 절대 그러지 않을 애여서 든든해."

참된 친구라면 그 친구는 여러분의 사생활을 여느 때보다 더 존중해 줄 겁니다. 그러면 그 친구가 애초에 잘못했든 안 했든 뭐가 중요하겠어요.

상대에게 최선을 기대해 주세요

최고를 기대하는 건 다른 사람들이 여러분을 위해 일을 해내도록 할 훌륭한 방법이에요. 그렇다고 꼭 여러분을 위한 것만은 아니죠. 때로 아끼는 사람들이 중요한 일에 성공하는 모습을 보면 진정으로 보람됩니다. 상대가 앞에 놓인 일을 해낼 만큼 똑똑하고 강하고 빠릿빠릿하다고 생각한다며 상대에게 알려주세요. 그러면 상대는 목표에 벌써 절반쯤 가까워졌을 거예요.

작년 1월, 학교 시험 전까지 남자 친구가 깜찍한 이메일을 날마다 보내줬어요. 저는 프로니까 프로답게 잘 해낼 거라고 하더라고요. 자신감을 크게 북돋아 줬죠. 시험처럼 별것 아니고 또 꼭 해야만 하는 일이라도 누군가 응원해 주고, 할 수 있다는 믿음이 있다고 알려주면 용기가 많이 나요.

— 로드아일랜드에서, 18세 캐시

자신감만 있으면 어떤 장애물도 넘을 수 있어요. 고리타분하게 들릴지 모르지만, 목표를 이루려면 자신을 믿는 게 가장 중요합니다. 세상 모든 지혜와 능력이 있어도 자신감이 없다면 절대 아무것도 이루지 못하죠. 최고의 능력을 펼치리라 기대한다고 알려주면 그에 맞는 결과가 나오도록 도울 수 있어요. 흔히 보이는 부분 너머를 보세요. 상대를 왜 믿는지 구체적으로 얘기해 줍시다.

1. 장점을 구체적으로 밝혀주세요

상대의 장점이라고 생각되는 특징을 구체적으로 밝혀주세요. 사귀는 사람이 대학 면접을 앞두고 스트레스받나요? 상대의 유머 감각과 똑똑함, 특히 세상일에 해박한 지식 덕에 반했던 사실을 일깨워 주세요. 상대처럼 세계를 바라보는 눈이 세련된 사람은 대학 쪽에도 분명 좋은 인상을 주겠죠.

2. 예를 들어주세요

전에 성공한 일을 일깨워 주세요. 일테면 "스케이트보드 타는 걸 봤는데 정말 잘 다루더라. 스노보드도 비슷한 동작이 많지. 넌 금세 배울 거야"라고 말해요.

3. 응원하겠다고 약속해요

상대가 목표를 이룰 때까지 옆에서 응원하겠다고 알려주세요.

위와 같이 하면 상대에게 근사한 선물을 주는 셈이에요. 상대의 능력을 믿는다고 알려주면 상대는 스스로에 대한 믿음이 강해지거든요. 사람들에게서 최고의 능력을 끌어내는 일이야말로 리더십의 전부라고 할 수 있습니다.

실패해도 다시
과감하게 도전하세요

좋은 도전을 뿌리칠 사람은 거의 없습니다. 도전장을 내밀면 사람은 대부분 받아들이지 않고는 못 배깁니다. 그래서 좋기도, 나쁘기도 해요. 도전을 똑똑하게 활용하면 리더에게 힘을 싣는 도구가 될 수 있습니다. 상대가 가장 기대하는 목표를 이루거나 넘어서도록 자극하면서 본인의(그리고 아마도 여러분의) 이익을 위해 기꺼이 도전하도록 열정을 불어넣을 수 있어요.

농구팀 주장으로서 선수들이 연습에 좀 더 열을 올릴 방법을 찾고 있나요? 연습 시간 동안 자유투를 가장 많이 넣은 선수는 나머지 선수들이 연습 도구를 치우는 동안 쉰다거나 경기 후 뒤풀이에서 공짜로 먹게 해주면 어떨까요? 조그만 경쟁에도 사람들이 얼마나 적극적으로 움직이는지 알면 놀랍습니다. 이와 똑같은 전략은 친한 친구가 헤매는 화학 과목을 열심히 공부하도록 자극할 때도 도움이 됩니다. 친구가 여름 방학 동안 보충 수업에 꼼짝없이 매여 있는 모습을 보고 싶지 않다면 도전 거리를 하나 준비하세요. 성적표에 B를 받도록 자극하는 거죠. 그리고 B를 정말 받으면, 여름 방학 첫 한 달 동안 금요일마다 보고 싶은 영화를 마음대로 찜할 수 있게 약속해 주세요.

아주 괜찮은 친구가 있는데, 부끄러움이 많아서 좋아하는 사람에게 말을 걸지 못한다고요? 친구가 재미있고 똑똑하고 예쁘니까 누구든 분명 관심받으면 좋아할 거라고 알려줘도 부족하다면야 뭐, 하는 수 없죠. 친구 스스로 상대에게 다가가도록 용기를 불어넣어 주면 어떨까요? 친구에게 3장에서 배운 요령을 알려주세요. 눈을 맞추고 미소를 지은 다음, 그냥 인사하라고 말이죠. 친구는 상대와 실제 대화에까지 한 걸음 바짝 다가갈지도 몰라요. 편안하고 익숙한 느낌에서 벗어나 뭔가를 하다 보면 자신감 향상에 큰 도움이 될지도 모르죠.

혹은 경쟁하자고 해보세요. 친구가 좋아하는 사람에게 미소 지으면 여러분도 어려운 일을 해내겠다고 합니다. 이를테면 교내 신문사에 여러분이 쓴 단편을 내고 싶다고 입버릇처럼 말하던 일을 실천하겠다고 하는 겁니다. 데일 카네기도 말했듯 사람은 내기를 좋아해요. 자신의 가치를 보이고 한계를 뛰어넘어 이길 기회를 얻는 내기 말이죠. 그러니까 과감히 도전장을 던져보세요. 저마다 최고가 되라고 옆에서 자극해 주세요.

이 이야기는 여러분에게 통하는 말도 됩니다. 1장에서 청소년 잡지 《세븐틴》의 전 편집장인 어투사 루벤스타인이 어땠는지 기억하죠? 상대의 부정적인 기운을 로켓 연료처럼 써서 최선을 다했다는 교훈을 줬잖아요? 그와 똑같은 식은 여러분이 뭔가를 이루지 못하기를 바라는 사람들에게도 통해요. 그 상황을 도전처럼 받아들이세요. 루벤스타인 편집장이 패션 잡지 《코스모걸》을 세상에 내놓을 기회를 얻었을 때, 실패한다는 쪽에 내기를 건 사람이 많았어요. 루벤스타인 편집장은 그 일을 다음과 같이 기억합니다.

잡지를 내놓고 1년이 지나 성공했을 때 《뉴욕 포스트》와 인터뷰한 일이 있어요. 성공할 거라고 아무도 믿지 않았는데 성공하고 나니 기분이 어떠냐고 기자가 물었죠. 저는 그냥 '무슨 말씀이세요? 몰랐네요'라고 답했어요. 그런데 사실은 남들이 그렇게 하는 말을 들으면 성공해야겠다고 마음을 더더욱 다잡게 되죠. 그리고 실제로 그렇게 됐어요. 경쟁 잡지들은 판매가 확 줄고《코스모걸》은 쑥 늘었죠.

루벤스타인 편집장은 다른 사람들의 말에 흔들리는 대신에 오히려 도전해서《코스모걸》을 10대 청소년 잡지 중에서 가장 잘 팔리고 사랑받는 잡지로 오래도록 판매대에 세웠어요.

긍정적인 친구가 되어주세요

여러분은 살면서 지금쯤이면 아마도 또래 집단 압력이 만들어내는 위험에 관해 들을 만큼 들어봤겠죠. 그러니 '걔들이 옥상에서 뛰어내린다고 너도 뛰어내릴래?' 따위의 설교는 건너뜁시다. 그런데 또래 압력의 긍정적인 면은 생각해 볼 만합니다. 친구가 어려운 결정을 앞두고 상의하러 온다면 리더십 능력을 마음껏 뽐내보세요. 자기 생각을 친구에게 말만 하지 말고 행동으로 보여줍시다. 다시 말해 친구가 여러분에게 충실하길 바란다면 여러분도 친구에게 충실해지세요.

사귀는 상대가 솔직하길 원한다면 여러분도 마음을 열고 솔직해지세요. 여러분이 속한 운동팀 선수들이 잘하길 바란다면 연습에 절대 빠지지 맙시다. 동생이 앞길을 제대로 고르길 바란다면 자신부터 제대로 결정하며 본보기가 되어주세요. 친구가 조언을 부탁하면 무턱대고 하지 말라고 목소리를 높이지 맙시다. 그 대신 2장에서 배운 대로 친구도 연습하도록 도와주자고요. 그러면 친구도 자신에게 중요한 가치를 찾을 수 있습니다. 여러분이 전하고자 하는 말이 친구의 마음에 가닿아 뿌리 내릴 거예요. 물론 여러분이 하지 않을 일을 여전히 골라서 하는 친구들도 있겠죠. 그렇다 하더라도 친구들은 여러분 덕분에 자신감과 자기 존중을 떠올리고 모두 자신에게 진실하게 됩니다. '내가 뭐랬어'라는 말보다 100만 배는 더 값진 일이죠.

좋은 점은 또 있습니다. 여러분도 자신에게서 최고의 가치를 끌어내게 돼요. 친구와 형제자매, 사귀는 상대에게 본보기가 된다면 어떤 상황이 닥쳐도 굽힘 없이 당당해집니다. 살면서 겉치장처럼 괜한 일에 매달리며 시간을 보내지 말아보세요. 그러면 자신에게 옳은 일을 스스로 찾아서 할 힘이 생깁니다. 남들을 따라 하기는 쉬워요. 안전하기도 하고요. 다른 사람이 하는 대로 행동한다면 눈총을 받을 일도 없죠. 그런데 '세상에 저절로 얻는 건 없다'라는 말이 있어요. 평생 안전하게 살 수도 있고, 무리에서 돋보이려 모험을 택할 수도 있어요. 어떤 사람이 되고 싶은지 스스로 물어보세요. 생생한 본보기가 되려면 어떤 가치를 바라야 할까요? 일단 정해요. 그런 다음 뒤돌아보지 말고 행동으로 옮깁시다.

최선을 다했다면
그대로 받아들여요

최선을 다해 아낌없는 노력을 쏟아부었어요. 그렇다면 자신이 바라 마지않던 꿈을 딱히 이루지 못했다고 하더라도 자신을 탓하지 맙시다. 기대치가 나름 높았다면 여러 번 해봐야 이룰 수 있어요. 그래도 괜찮습니다. 괜찮지 않은 게 있다면, 그건 처음에 실패할 조짐이 보인다고 주저앉아 버리거나 자신을 실패자라고 생각하는 태도입니다. 실수가 어떻게 배움의 기회가 되고 사람다워지는 데 보탬이 되는지 7장에서 배웠어요. 실패도 그와 마찬가지랍니다. 최선을 다하면 그것만으로도 자랑스럽죠. 자신에게 진실하기 위해서는 용기가 있어야 하고 사람 됨됨이가 굳세고 꿋꿋해야 합니다. 그러려면 자신의 한계를 열심히 밀고 나가야죠.

미국 여자 축구 대표팀은 2000년 시드니 올림픽 결승 연장전에서 패배한 뒤 의지가 꺾일 만도 했어요. 그때 대표팀 주장은 미국 여자 축구 역사상 가장 뛰어난 선수로 손꼽히며 축구 경기장을 빛내던 미아 햄이었죠. 다들 1996년 애틀랜타 올림픽 때처럼 금메달을 따서 귀국하리라고 기대했어요. 그런데 은메달에 머물자 대표팀 선수 몇몇은 자기 자신과 팬, 조국에 실망을 안겼다고 생각했죠. 하지만 미아는 성공이 패배로 변하도록 내버려두지 않았습니다.

우승에 실패한 채 세계를 마주하려 시상대에 섰어요. 대표팀 동료들 대다수가 고개를 들지 못했죠. 경기에 진 슬픔에 가려 현실이 안 보였어요. 실은 예선을 훌륭하게 치르며 멋진 경기를 펼쳤거든요. 은메달을 목에 걸었다는 건 자랑스러워야 할 일이었죠. 저는 시상대에서 살짝 내려가 대표팀 동료 한 명 한 명에게 다가갔어요. "고개를 꼿꼿이 들고 우리가 해낸 일에 자랑스러워하자"라고 일깨워 줬죠. 시상대로 다시 올라가 단상 아래에 줄지어 선 동료들을 바라봤더니 모두 환히 웃는 얼굴로 세계를 마주하고 있더군요. 금메달을 딴다는 기대를 채우진 못했지만, 늘 맨 윗자리에 올라야 최고는 아니란 걸 우리 모두 그날 깨달은 거죠. 최고란 최선을 다했다는 말이고, 그 점은 그날 우리가 보여준 게 분명해요.

미국 여자 축구 대표팀은 그다음 세 번의 올림픽에서 연달아 금메달을 따냈어요. 한 번의 은메달로 자신감이 무너지도록 내버려뒀다면 이룰 수 없던 결과였겠죠. 자신과 다른 사람들에게서 최고를 기대하는 건 중요합니다. 하지만 결과가 기대한 대로 나오지 않아도 그대로 인정하고 감사하는 일 또한 그에 못지않게 중요합니다. 기억합시다. '완벽함'을 기대할 필요는 없습니다. 그러면 늘 실망만 하게 됩니다.

리더는 최선을 기대하면 됩니다. 자신을 포함해서 누구에게든 부탁할 수 있는 건 그뿐입니다. 능력을 한껏 펼치고 실제로 그렇게 행동했다는 사실에 자랑스러워합시다. 여러분이야말로 진정한 승리자로 보일 겁니다.

지금까지 사람이 타고난 본성과 관련해 다음과 같은 여덟 가지를 배웠답니다.

1. 비판하거나 비난, 불평하면 아무것도 얻지 못해요. 남들에게서 이 세 가지 요소를 맞닥뜨리고 부정적으로 반응한다 해도 얻는 것은 없습니다.

2. 상대의 최고 가치를 칭찬하면 상대가 능력을 한껏 펼치려는 의지를 북돋을 수 있어요. 참모습 그대로 살며 자기 가치에 충실하면 자신이 가장 원하는 사람이 될 수 있습니다.

3. 새로 만난 상대에게 미소 짓고 진심으로 관심을 보여주는 행동은 친구 사귀기의 핵심이죠.

4. 상대가 뭔가를 하도록 하고 싶다면 그 일을 스스로 하고 싶게 만드는 게 유일한 방법입니다.

5. 좋은 친구나 여자 친구, 딸이 되려면 가장 중요한 방법은 단 하나, 상대의 말에 제대로 귀 기울여 주세요.

6. 말다툼은 이길 수 없어요. 하지만 공통부분을 잘 활용한 질문으로 상황을 한층 깊이 이해하면 말다툼이 아닌 대화로 타협할 길이 열려요.

7. 태어날 때부터 멋지고 똑똑하고 힘 있는 사람은 없어요. 자꾸 해보

고 실수하면서 배우죠. 실수한다면 우선 인정하세요. 그리고 최선을 다해 실수를 바로잡고 다음으로 넘어가세요.

8. 리더가 됩시다. 다른 사람과 자기 자신에게 최선을 기대하면 실망할 일이 없어요.

친구를 사귀고 사람들에게 영향을 미칠 때 필요한 요령은 이 여덟 가지뿐이에요. 미래의 성공에 중요하답니다. 학교 안팎에서 얻는 결과만큼, 아니 그 이상으로 중요해요. 여러분이 로켓 과학자처럼 아이큐가 높거나 요즘 제일 뛰어난 팝 스타에 견줄 만큼 목소리가 좋을 수도 있겠죠. 하지만 사람들과 잘 어울리지 못하면 좋은 일도 그리 오래 가지는 못해요. 조금 부족한 점이 있더라도 상대의 마음을 얻을 수만 있다면 여러분의 앞길에는 거칠 것이 없습니다.

데일 카네기의 원칙들은 수백만 명의 삶을 바꿨어요. 사람들은 책을 읽고 배운 대로 살려고 노력했죠. 특별히 여러분을 위해 새롭게 펴낸 이 책이 여러분의 생각에 깊이를 더할 수 있으면 좋겠어요. 그래서 지금이든 나중이든 평생 다른 사람과의 사이를 단단히 다지고 목표를 이루고 어떤 모임에서도 리더로 우뚝 서는 데 보탬이 되기를 바랍니다.

자, 이제 나가서 세상을 바꿔봅시다. 여러분은 할 수 있어요.

인간관계로 고민하는
사춘기 소녀를 위하여

공부가 힘든지 아니면 친구 관계가 힘든지를 물으면 대부분의 청소년들이 친구 관계가 힘들다고 말합니다. 왜일까요? 공부를 잘하기 위해서는 많은 시간과 노력을 기울이지만 사람을 이해하고 그들의 마음을 얻기 위해서는 상대적으로 노력하지 않기 때문일 것입니다. 특히 10대 여성 청소년들은 가족, 친구, 선후배, 선생님과 갈등과 더 복잡하고 미묘한 심리적 갈등을 겪기 쉽죠. 공부보다 어려운 사람 문제가 길어질수록 마음의 상처도 깊어지고요.

인간관계도 공부처럼 배우고 풀어야 할 하나의 기술입니다. 여기에는 자신의 감정을 잘 이해하고 다스리기, 자기의 생각과 감정을 남에게 효과적으로 표현하기, 남과 불화가 생길 때 그 갈등을 효과적으로 해결하기, 남의 이야기를 경청하기, 남의 감정이나 생각을 이해하고 헤아려주기, 적대감이나 불쾌감을 불러일으키는 일이 없이 소극적이고 부정적인 사람의 협력을 얻어내기 등이 모두 포함됩니다.

가정이나 학교에서 잘 가르쳐 주지 않지만, 사실 인생을 살아가는 데 있어 인간관계보다 중요한 스킬을 없습니다. 아무리 지식이 많고 능력이 좋아도 인간관계를 제대로 맺고 유지하는 능력이 없으면 사회생활을 제대로 해낼 수 없습니다. 인간(人間)이라는 한자어 자체가 '사람과 사람과의 사이' 즉 인간관계로 나타나듯이, 우리는 사람과 사람과의 관계 안에서 인생을 살아가는 것입니다.

미국 하버드대학교의 성인발달연구소는 1938년 이래 80여 년간, 인생에서 성공하고 건강과 행복까지 누리며 사는 사람들의 특징을 연구했습니다. 그 연구 결과는 바로 인간관계가 좋다는 것이었습니다. 그들은 대부분 청소년 시절부터 인간관계에 관한 책을 읽고, 훈련을 받으면서 인간관계를 위해 꾸준히 노력했다는 것입니다.

이는 "지금부터 인간관계에 투자하라"는 깨달음을 얻게 합니다. 가족, 친구, 선생님과 친구가 되기 위해 노력하십시오. 내 주변에 있는 사람들을 위해 움직이십시오. 미국의 작가 마크 트웨인이 말했듯이 "인생은 짧기에 다투고 미워할 시간이 없습니다. 오직 사랑이 있을 뿐입니다." 모든 것은 한 순간입니다.

지난 30년간 카네기 청소년 코스를 진행하는 동안 우리 청소년들이 공부보다는 인간관계 때문에 겪는 갈등과 아픔을 지켜보며 저 역시 마음이 아팠습니다. 가정과 학교, 사회가 좀 더 일찍 청소년들의 고민을 함께하고 인간관계를 푸는 방법을 공유할 수 있었다면 그토록 괴로워하지 않았을 텐데 하는 아쉬움과 탄식이 절로 나왔습니다.

이 책은 데일 카네기가 가르쳐 온 『데일 카네기 인간관계론』을 기반으로 인간관계를 잘 맺는 방법을 명쾌하고도 간결하게 제시하고 있습니다. 이 책을 통해 보다 많은 10대 여학생들이 자신의 감정을 이해하고 조절하면서, 타인의 감정을 이해하고 풀어주는 리더가 되기를 기원합니다. 사람 때문에 힘든 것이 아니라, 사람 때문에 공부도 즐겁고 인생도 즐기게 되는 나날이 되기를 진심으로 바랍니다.

데일카네기코리아 대표

최영순

데일 카네기 트레이닝(DALE CARNEGIE TRAINING®)

1912년, 자기 계발의 힘을 향한 한 사람의 믿음에서 비롯하여 설립되었으며 현재 세계 각국에 지사를 두고 성과 기반 훈련을 제공하는 기업으로 성장했습니다. 본 교육 사업의 초점은 기업체 임직원들이 긍정적이고 지속적이며 유익한 결과를 창출하도록 자기 역량 강화 및 성과 향상을 위한 교육 기회를 제공하는 데 있습니다. 본사는 뉴욕 롱아일랜드에 있으며 미국 전역 50개 주와 세계 80여 개 나라에 대표처를 두고 세계 각국의 기업에 교육 서비스를 제공하는 데 최선을 다하고 있습니다.

데일 카네기 트레이닝이 확립한 비즈니스 트레이닝의 개념은 리더십 훈련부터 인간관계 증진, 업무보고 기술 및 팀 단합 능력 향상에 이르는 분야를 망라합니다. 본 기관은 이에 맞춰 각 프로그램을 계획하고 교육하여 경쟁이 치열한 오늘날의 기업 환경에서 사업을 성공적으로 이끌 실천적 접근 방식을 제공합니다.

기본적으로 모든 사업체는 개인이 모여 구성되었고 각 개인은 공통의 목표를 지향하며 각 단체에 모였다고 믿습니다. 따라서 어떤 사업이든 성공은 결국 그 사업체에 속한 개인의 성공에 달렸다고 볼 수 있습니다.

데일 카네기 트레이닝은 실천 원칙과 과정을 중시하며 사업 가치 증대에 필요한 지식과 기술, 연습 기회를 각 개인에게 제공하는 프로그램을 계획·운영합니다. 검증된 해결책을 실생활의 난제와 연결한 교육 방식으로, 모든 이의 최고 능력을 끌어내는 리더 역할을 하며 국제 사회에서 톡톡히 인정받고 있습니다.

데일 카네기가 기존에 집대성한 지식은 꾸준히 업데이트되고 확장되며, 근 100년에 달하는 실질 업무 경험에 맞춰 재정비되고 있습니다. 세계 200여 개 지역에 지

점을 두고 규모와 업종에 관계없이 모든 기업에 교육 및 컨설팅 서비스를 제공하며 지식과 성과를 축적하도록 지원합니다. 세계적으로 집약된 경험 사례는 비지니스 실무 감각의 저장고에 축적되어 카네기 트레이닝의 고객이 의지하며 성과를 일굴 원동력이 됩니다.

본 교육 기관은 기업체 및 개인과 직접 연계해 작업하며 각 고객의 특정 필요와 전략에 따라 맞춤형 프로그램을 제공합니다. 프로그램은 각 기업과 개인이 현재 사업 목표와 장기 비전을 실천하며 매일 마주하는 도전에 주안점을 둡니다.

데일 카네기 트레이닝의 차별점은 개인과 조직의 성장 여정을 나타내는 성과 변혁 경로 모델로 독특하게 드러납니다. 이 교육 모델은 학습자와 최초로 만난 사람부터 다음 단계로 나아가는 과정 전반에 연계하여 학습자가 핵심 행동을 강화하도록 지원하는 방식입니다. 이 과정에서 새롭게 학습된 원칙은 향후 평생 기술로 발전해 장기적 행동 변화를 이끕니다.

본 교육이 각 기업 내부에서 일군 효과는 무선통신 및 금융, 소매, 제조, 컨설팅, 의료 등 각계에서 선두를 이끄는 대기업들이 그 업무 성과 증진의 결과로 증명했습니다. 각 기업은 전면 교육 과정을 선택하거나 특정 사업 목표에 따른 맞춤형 훈련 과정을 선택할 수 있습니다. 교육 과정을 거친 기업들은 내·외적 관계 형성에 요구되는 기술을 발전시켜 세계 시장 경쟁에서 우월한 위치를 차지하는 결과를 얻으며 각 고객과 사업의 파트너로 거듭납니다.

데일 카네기 트레이닝(DALE CARNEGIE TRAINING®) 청소년 과정

오늘날 세계는 이전보다 구조가 복잡하고 경쟁이 치열하며 요구 조건도 까다로워

졌습니다. 요즘 청소년은 학교와 일터, 인간관계 사이에서 균형을 잡으며 그와 동시에 미래를 위한 계획과 활동도 수행해야 합니다.

데일카네기 청소년 프로그램은 청소년이 이러한 현실을 준비할 수 있도록 설계되었습니다. 청소년은 본 프로그램에서 학교나 가정, 일터에서 목표를 달성하고 잠재력을 최대한 표출하기에 필요한 기술을 습득합니다.

'평생 기술'을 교육하는 데일 카네기 프로그램은 미래 성공에 필요한 핵심 영역을 다음과 같이 다섯 가지 분야로 구분해 교육 내용을 구성합니다.

- 자신감 구축
- 의사소통 능력 향상
- 대인관계 능력 향상
- 팀워크 및 리더십 기술 습득
- 효과적인 태도 관리 능력 함양

더 자세한 내용은 www.dalecarnegie.com에서 찾으실 수 있습니다.

옮긴이 김지윤

한국에서 대학을 졸업한 뒤, 중국과 영국, 스위스에서 살며 공부했고 현지의 여러 다국적 기업에서 일했다. 삶과 사람, 세계를 꾸준히 배울 마음가짐으로 번역의 길로 들어섰고, 현재 스위스에 거주하며 출판번역에이전시 글로 하나에서 다양한 분야의 영미권, 중화권 도서를 리뷰하면서 출판번역가로 활동하고 있다.

딸을 위한 카네기 인간관계론

초판 1쇄 인쇄 2025년 4월 29일
초판 1쇄 발행 2025년 5월 12일

지은이 도나 데일 카네기
옮긴이 김지윤
펴낸이 김선식

부사장 김은영
콘텐츠사업본부장 임보윤
책임편집 이슬 **책임마케터** 지석배
콘텐츠사업10팀장 김정택 **콘텐츠사업10팀** 이슬, 이나영, 김유리
마케팅2팀 이고은, 양지환, 지석배
미디어홍보본부장 정명찬 **브랜드관리팀** 오수미, 김은지, 이소영, 박장미, 박주현, 서가을
채널홍보팀 김민정, 정세림, 고나연, 홍수경, 변승주 **영상홍보팀** 이수인, 염아라, 석찬미, 김혜원, 이지연
편집관리팀 조세현, 김호주, 백설희 **저작권팀** 성민경, 이슬, 윤제희
재무관리팀 하미선, 임혜정, 이슬기, 김주영, 오지수
인사총무팀 강미숙, 이정환, 김혜진, 황종원
제작관리팀 이소현, 김소영, 김진경, 이지우, 황인우
물류관리팀 김형기, 김선진, 주정훈, 양문현, 채원석, 박재연, 이준희, 이민운
외부스태프 일러스트 봉현 디자인 유어텍스트

펴낸곳 다산북스 **출판등록** 2005년 12월 23일 제313-2005-00277호
주소 경기도 파주시 회동길 490
전화 02-704-1724 **팩스** 02-703-2219 **이메일** dasanbooks@dasanbooks.com
홈페이지 www.dasan.group 블로그 blog.naver.com/dasan_books
종이 스마일몬스터 **인쇄** 한영문화사 **후가공** 평창피엔지 **제본** 한영문화사

ISBN 979-11-306-7109-3(43190)

다산북스(DASANBOOKS)는 독자 여러분의 책에 관한 아이디어와 원고 투고를 기쁜 마음으로 기다리고 있습니다. 책 출간을 원하는 아이디어가 있으신 분은 다산북스 홈페이지 '투고 원고' 항목에 출간 기획서와 원고 샘플 등을 보내주세요. 머뭇거리지 말고 문을 두드리세요.